ピッチャー視点で
“観戦力”を高める

工藤公康の ピッチングノート

KANZEN

ピッチャー視点で“観戦力”を高める

工藤公康のピッチングノート

はじめに

昨春発売した『テレビ中継・球場で観戦を楽しむ29の視点　野球のプレーに「偶然」はない』の続編となる。

前書では観戦時における投手・捕手・野手・打者・ベンチの視点を紹介。おかげさまで、「野球の見方が変わりました」「今まで以上に球場やテレビでの観戦が面白くなりました！」とうれしい反応をいただくことができた。

美しいホームランや１５０キロを超えるストレートは、確かに見ていて気持ちのいいものだ。プロの一流選手にしかできないスーパープレーである。もちろん、こういったすごさを実感することも観戦の醍醐味となるが、もう一歩踏み込んで野球の見方を知ることができれば、また違った世界が見えてくるのでは

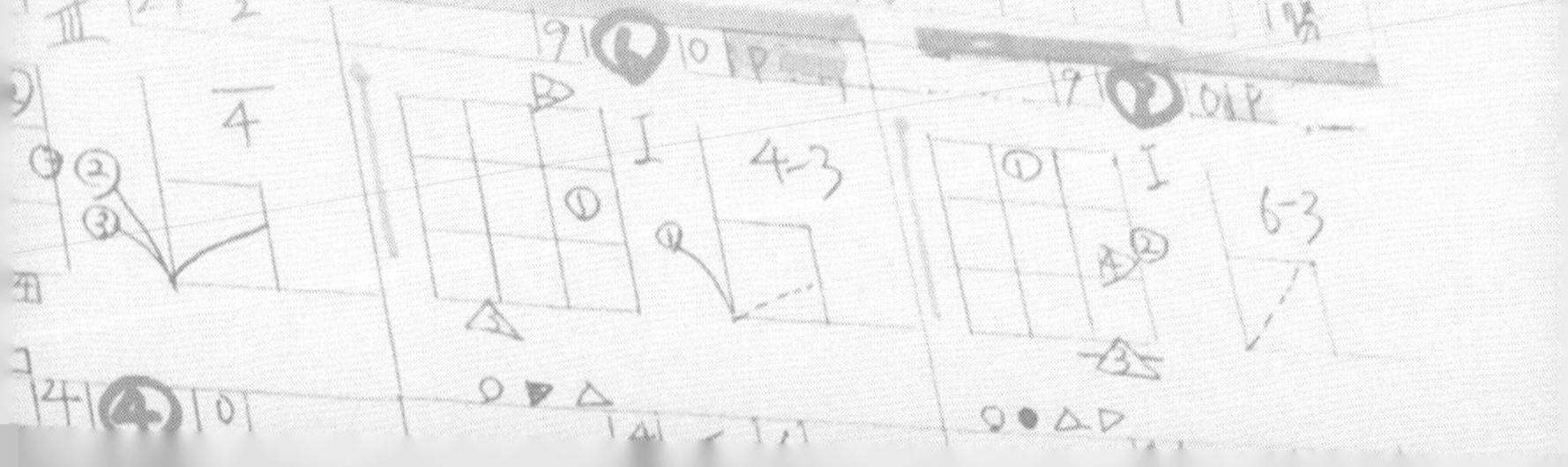

ないだろうか。

ぼくは、試合で起こりうるすべてのプレーには何らかの根拠があると思っている。バッターが3割打つのにも根拠があり、ピッチャーが二桁勝つのにも根拠がある。一見すると、ラッキーにも見えるポテンヒットにも、それが生まれる根拠があるものだ。

続編となる本書では、さらにこの根拠を詳しく解説していきたい。

タイトルにある『工藤公康のピッチングノート』のとおり、今回の主人公はピッチャーだ。プロ野球の世界でピッチャーとして29年間生きてきたぼくが、マウンドで感じたこと、そして解説者になってから学んだことをみなさんにお伝えしたい。

ピッチャー対バッターの戦いでは、バッテリー間18・44メートルにおいてどのような駆け引きが繰り広げられているのか。カウントや状況によって、

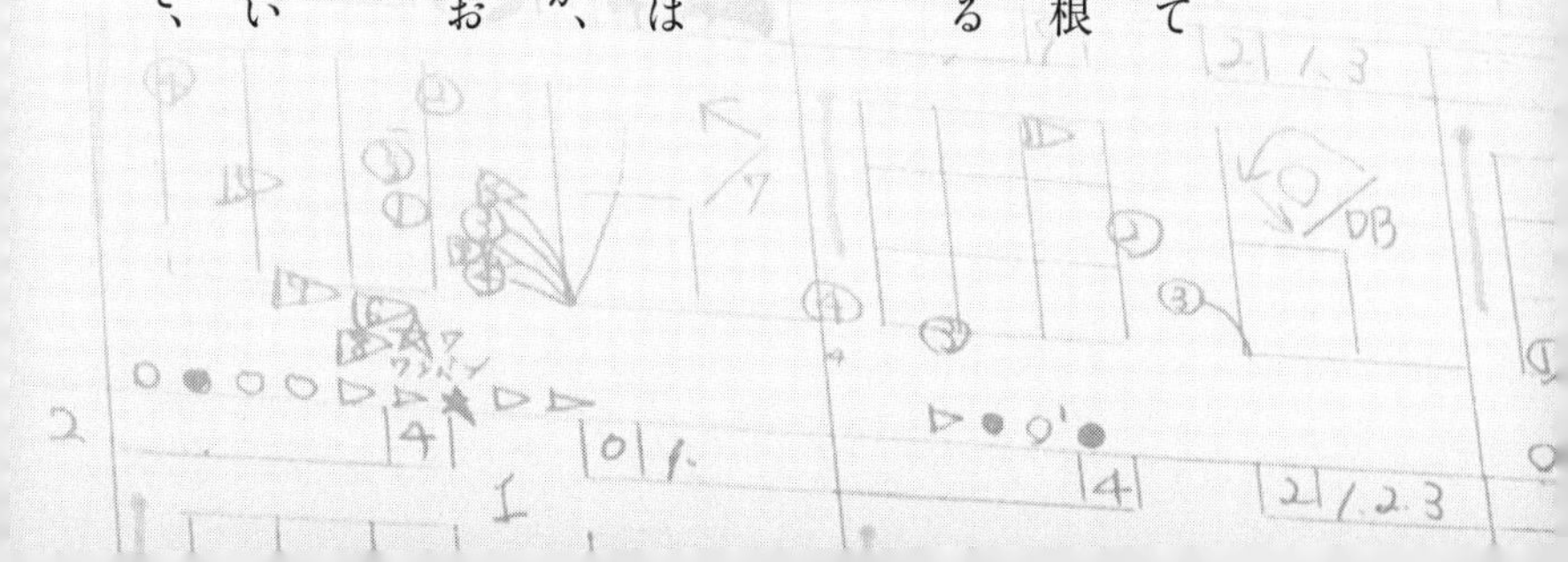

ピッチャーが有利なときもあれば、バッターが有利なこともある。これまで相性のよかったバッターが、ピッチャーの球種がひとつ増えることによって、突然打てなくなるときだってある。

毎年、同じピッチャーと同じバッターが何度も顔をあわせるプロの世界だ。一発勝負が基本となるアマチュア野球とは、ここが大きな違いとなる。キャリアの長い選手になれば、10年も15年も対戦し続けている。ここまで対戦数が増えれば、きつねとたぬきの化かし合い。正攻法で勝負するのか、あるいは武器を隠し持って、奥の手で勝負するのか——。

本書を通じて、このような駆け引きの一端をお伝えすることができればうれしく思う。

ペナントレースも後半戦に入り、優勝争いとともに、クライマックスシリーズ出場をかけた戦いが熱気を帯びている。どのチームもカギを握るのはピッ

チャーであろう。暑い夏が終わり、ピッチャーにも疲労がたまり始めるころだ。前半戦は好調だったリリーフ陣が崩れ始める可能性もある。これもまた、たまたまではなく、崩れる理由があるものだ。

野球界には「勝敗の8割はピッチャーが握っている」という言葉さえもある。それだけ試合において大きなウエイトを占めているピッチャー。ピッチャーのことをより深く知ることができれば、野球の見方がきっと変わっていくはずだ。

本書はあくまでも工藤公康の考え方に則ったものであり、これが正解だということではない。球場観戦、テレビ観戦の一助になれば幸いである。

工藤公康

CONTENTS

本文中に登場する選手の所属は、
2014年7月31日時点のものです

第1章 ピッチャーの見極め方

1 負けないピッチャーの見極め方

勝つためのピッチングと負けないためのピッチング

ピッチャーに勝ち星が付くかどうかは、打線との兼ね合いが大きく影響している。昨年のペナントレースで24勝0敗と驚異的な成績を記録した田中将大投手（ニューヨーク・ヤンキース）も、打線の援護に恵まれた試合があった。そうでなければ、シーズン24連勝という奇跡に近い数字を挙げることはできない。

たとえば、昨年9月6日の北海道日本ハムファイターズ戦。相手の先発は「二刀流」として注目を集めたゴールデンルーキーの大谷翔平投手だった。田中投手は4回までに2点を失い、イヤな展開で試合が進むも、味方が5回裏に同点に追いつき、6回には松井稼頭央選手が勝ち越しホームラン。田中投手はこのリードを守り抜き、開幕20連勝を成し遂げた。当然のことながら、味方が得点を奪えなければ、0対2で敗戦。田中投手の連勝はストップしていたことになる。

打線とのめぐり合わせ、相手ピッチャーとの兼ね合いなどで、好投しても勝ちにつながらないケースはある。言ってしまえば、投手の勝ち星は「不確定要素」にも大きく左右される。

そこで、一流の先発ピッチャーが考えるのは、「勝つためのピッチング」ではなく、「負けないためのピッチング」。勝てるピッチャーではなく、負けないピッチャー。負けないピッチングができれば、おのずと勝ち星は付いてくる。現役時代のぼくも、このような考えで投げていた。

もしも数字でピッチャーの力をはかるとするならば、防御率に注目してほしい。もちろん24勝0敗という成績次第が素晴らしい。さらに昨年の田中投手は防御率1．27。2011年から3年連続で防御率1点台を記録した。2点台が一流ピッチャーの証と言われる中で、1点台は考えられない数字である。

KUDO'S CHECK!

勝ち星は、「不確定要素」に左右される
ピッチャーの本当の力をはかるのは「防御率」

ストライク中心の攻めは危険

「勝つためのピッチング」と「負けないためのピッチング」は似ているようで、微妙に違う。「勝ちたい」となると、どうしても勝負を焦り、ストライク中心の攻めになりがちだ。34ページで詳しく紹介しているが、バッターは意図的にボール球を使われるからこそ、打席で迷いが生まれる。ストライクゾーンに投球が集まってくれれば、狙い球をしぼりやすくなり、必然的に打ちやすくなる。

わかりやすい例が、若いピッチャーがリードした展開で5回表や裏を迎えたときだ。5回を投げ終えれば、勝ち投手の権利を得ることができる。「勝ち星がほしい」と思うと、ストライクを続けてしまうことが多い。

また、投げるリズムが一定になり、バッターはタイミングを取りやすくなる。セットポジションでボールを長く持ったり、けん制でバッターの打ち気をそらしたり、間《マ》をうまく使うことができなくなってしまうのだ。

一方で、「負けない」と考えると、失点をしても「最少失点に食い止めればいい」「次を抑えればいい」と、そのときにやるべき最善の策に集中できる。すべての試合で無失点に抑えることはありえないのだから、打たれても次のことを考える。「何であそこに投げてしまったんだ……」と自分にイライラしても、いいことは何ひとつない。

ときには、自分が納得するボールを投げても、バッターに打たれることだってある。それが野球というものだ。そんなときは「バッターのほうが上だった」と切り替えることも大事。1年間で、同じバッターと何度も対戦するわけだから、「次はやり返してやる」と気持ちを切り替えたほうがいい。こういった思考が、たとえ調子が悪かったとしても、悪いなりにゲームを作れることにもつながっていく。

では、具体的に、負けないピッチングをするにはどのような技術が必要になっていくのか。より詳しく紹介していきたい。

KUDO'S CHECK!

5回表、裏のピッチャーのストライクの取り方から「勝つためのピッチング」か「負けないためのピッチング」かがわかる

2 ここ一番の勝負所で「ギアチェンジ」ができるか

「最初チョロチョロ、中パッパ」のリズム

負けないピッチャーが備えている技術が「ギアチェンジ」である。序盤、ランナーがいないときは7～8割の力で投げて、ピンチでクリーンアップを迎えたり、終盤の勝負所では10割の力で勝負する。

先発ピッチャーは、頭のどこかでペース配分を考えている。ぼくのイメージでは「最初チョロチョロ、中パッパ」。ご飯を炊くようなリズムで投げていた。すべて10割で投げていたら、とても終盤までもたない。いきなり全開で火を強くしたら、おいしいご飯は炊けないだろう。最低でも7回まで投げ切り、試合をつくる。そのためにも、力の入れ所を見極めなければならないのだ。120球で完投すると考えたとき、120球すべてを10割の力で投げているピッチャーはいないはずだ。

バッターも「最初チョロチョロ、中パッパ」をやられると、対応が難しい。1打席目よりも2打席目、3打席目と、ストレートの球速、変化球のキレともに増していくと、戸惑いやすいのだ。1打席目のスピードで「今日はこれぐらいか」と思っていたにもかかわらず、それ以降の打席ではイメージよりも速くなる。「あれ？　おかしいな」とタイミングが合わなくなっていくものである。

逆に、序盤に全力で入っていき、スピード・キレ・コントロールともに抜群であったとしても、中盤から状態が少しずつ落ちていくと、バッターは対応しやすくなる。

ひとつの打席の中でも、「最初チョロチョロ、中パッパ」は有効といえる。自分自身のもっとも速いストレートや、ウイニングショットを最後の最後まで取っておく。1球目よりも速いストレートをフルカウントから投じることができたら、バッターは打ちにくい。

今季、好調を維持しているオリックス・バファローズの金子千尋投手はこのあたりのギアチェンジがうまい。金子投手の完投が多いのも、ギアチェンジできる技術を持っているからである。昨年は田中投手よりも多い、10完投（リーグ1位）をマークしていた。田中投手があれほどまでの活躍を見せなければ、金子投手が沢村賞に輝いてもおかしくはなかっただろう。

ギアチェンジしているかどうか、もっともわかりやすい基準になるのがストレートの球速である。140キロ台前半だったストレートが、勝負所では140キロ台中盤から後半へ上がっていく。変化球も切れていき、必然的に三振数が増える。言い換えれば、勝負所まで余力を残しているということになる。

KUDO'S CHECK!

7~8割の力で試合をつくれるか勝負所でのストレートの球速に注目

10割の力でも乱れないピッチング技術

とはいえ、ギアチェンジはかなりハイレベルな技術である。

まず求められるのが、7~8割の力でも試合を作れるコントロールである。シングルヒットを打たれることはあっても、簡単にホームランは打たれない。たとえ打たれたとしても、試合の勝敗に響くようなホームランではない。どの球種を投げるにしても、コースと高さを間違えない、絶対的なコントロールが求められる。

そして、勝負所で10割の力で投げようとすると、人間はたいてい余計な力みが加わってしまう。ストレートであれば低めのワンバウンドになったり、右バッターの外を狙った球がシュート回転で甘く入ってきたり……、力を入れれば入れるほどコントロールを付けるのが難しくなるのだ。

こういったピッチャーに共通しているのは、腕の振りを速く、あるいは強くしようと、上半身に力を入れてしまっていることにある。スピードは上がったとしても、腕の力に頼っているため、キレが落ちたり、コントロールが乱れることが多い。

では、負けないピッチャーはどのように投げているのか。

現役時代のぼくは、下半身のメカニズムで力の入れ具合を調整していた。おそらく、田中投手も同じ感覚で投げているはずだ。左利きのぼくでいえば右足、田中投手でいえば左足の踏み込みの強さを変えていく。前足を強く踏み込むことで、上体が回転するスピードも速くなり、必然的にリリースに加わる力が増していくというメカニズムだ。

写真：Getty Images

TV観戦時には、田中投手の左足の踏み込みに注目してほしい。

写真：時事通信

思い出すのが、昨年の田中投手のピッチングだ。9月26日、ペナントレースの優勝を決めた埼玉西武ライオンズとの一戦。9回裏1点リードの場面でリリーフに上がった田中投手はフォアボールなどで1アウト二、三塁のピンチを迎えた。慣れないリリーフということもあるのか、まだコントロールが定まっていなかった。

西武は栗山巧選手、浅村栄斗選手と、もっとも信頼できる打順。ここで、田中投手は8球連続のストレートで二者連続三振を奪った。8球すべて150キロ台前半を記録。キレ、スピード、コントロールともに最高クラスのボールで、明らかにギアを入れ替えていた。

これぞ、田中投手の真骨頂である。普段の先発とは違うリリーフの状況でもありながら、100パーセントの力、いやあのときは120パーセントの力だったかもしれない。目いっぱい投げる中で、自分のベストボールを投げ込んだ。

田中投手をテレビで見るときは、ぜひ前足の踏み込みに注目してほしい。感覚的なところもあるため、なかなかわかりにくいかもしれないが、勝負所では踏み込みの強さが変わっているはずだ。決して、腕の振りで力の入れ具合を変えているわけではないことを覚えておいてほしい。

今の田中投手を見ていると、屈強なバッターが揃うメジャーリーグでもギアチェンジに挑戦している。打たせて取るところは打たせてとり、勝負所まで余力を残しておく。その影響もあるのか、下位打線に甘いカウント球をガツンとホームランを打たれることもあるが、7回や8回まで投げ抜き、試合を作るにはどうしたらいいのかを試行錯誤しているのだろう。
見ているファンとしたら、「初回から力を入れて投げたらいいのに」と思うかもしれないが、それでは先発としてもたない。そして、メジャーは基本的に中4日のローテーション。シーズン通して、先発で投げ抜くことまで考えると、ペース配分が必要になってくる。

KUDO'S CHECK!
前足の踏み込みの強さに注目！
腕だけでギアチェンジはできない

3 負けないピッチャーが求める「コントロール」とは何か

一流投手のコントロール術

求めるコントロールはピッチャーのレベルによって変わってくる。プロ野球でいえば、ストライクゾーンに投げられるコントロールは当然のこと。負けないピッチャーになるには、もっと細かいコントロールが必要となる。

具体的にいえば、ストライクゾーンに対してボール半分の出し入れができる技術である。外角ギリギリにストライクを投げたあと、今度は外側にボール半分だけずらすことができるか。しかし、100球投げたうちの100球すべてで出し入れをするのは難しい。というより、どんなピッチャーであっても不可能に近いことだろう。そこまで精密機械のようなピッチャーはいない。

確率論の話である。100球投げれば、7~8割の確率で思ったところに投げられるか。

それも勝負所で、だ。ここが重要なポイントになる。2アウト走者なしから下位打線に失投する分にはさほど痛い目にはあわない。しかし、同点で迎えた8回2アウト満塁フルカウントの場面で逃げの投球をしてしまうようでは、自ずと勝ち星は逃げていく。

見る側の視点としては、キャッチャーが構えたところにどれだけの確率で投げられているかと考えるとわかりやすいだろう。勝負所で、ミットの構えどおりにきているか。

ピッチャーが一番避けなければいけないのは、構えよりも中に入ってくることだ。右バッターの外に構えていたにもかかわらず、ボール半分、ストライクゾーンに入ってくる。負けないピッチャーというのは、逆にボール半分、ボールゾーンにずれるものである。ボールゾーンであれば、コントロールミスであっても打たれる可能性は低い。

KUDO'S CHECK!

ボール半分の出し入れができているか
ストライクではなく、ボール半分ボールゾーンにずらす

ボール半分の違いが運命の分かれ道

プロに求められるコントロール

外角のストライクゾーンからボール半個ずらして、ボールゾーンでバッターと勝負できるピッチャーは打たれる確率は下がる。勝負所でボール半分、中(ストライクゾーン)に入ってしまい痛打されるケースをよく目にしたことがあるはずだ。

ストライクゾーンを三次元に考える

ストライクゾーンは平面ではなく立体である。ストライクゾーンを上下・左右・前後の三次元で考え、広く使える投手こそ、一流と呼べるだろう。

ここで、ルール上のストライクゾーンを確認しておこう。意外に知らない読者も多いのではないだろうか。

タテの範囲は、ベルトと肩の中間地点を上限として、ヒザ頭の下部を下限とする。ヨコの範囲は、言うまでもなくホームベースが基準となる。ホームベースを少しでもかすめれば、ルール上はストライクだ。ホームベースの横幅は43．2センチ。硬球が6個入る計算になる。

「三次元」とは言い換えれば、タテ変化(フォーク、シンカー)・ヨコ変化(スライダー、カットボール、シュート)・前後の変化(カーブ、チェンジアップ)を持ち球として扱えているか。持ち球というのは、同点の9回裏2アウト満塁フルカウントで、自信を持って投げられるボールのことを指す。最近の若いピッチャーは高校時代からツーシームやカットボールを投げ、ぼくらの頃とは比べ物にならないぐらいさまざまな球種を投げている。しかし、本当の勝負所で使えるかとなると、やはり難しいものだ。
負けない投手は、本当の意味での持ち球が多い。オリックスの金子投手でいえばフォーク、チェンジアップ、スライダー、カーブと、持ち合わせている。もちろん、ストレートのキレも抜群にいい。いくらスライダーがよくても、ヨコ変化だけではいずれはバッターに対応されてしまう。ひとつの変化だけでは、バッターを打ち取るのは難しい。

KUDO'S CHECK!

一流と呼ばれる投手は、タテ・ヨコ・前後とホームベースを三次元に使えている

一流ピッチャーの「出し入れ」

これらの球種をストライクからボールだけでなく、ボールからストライクに投げることができるか。これこそがストライクゾーンを三次元に考えたうえでの出し入れである。左ピッチャー対左バッターで考えたとき、アウトコースにストライクからボールになるスライダーを投げる以外に、インコースのボールゾーンからストライクゾーンに曲げていく。バッターは一瞬、「あ、ボールだ」と思うだけに、手が出ないことが多い。

田中投手はヤンキースに入団してから、左バッターのアウトコースのボールゾーンからスライダーを入れてくるようになった。これでストライクを稼ぐシーンをしばしば目にする。大リーグでは「バックドア」と呼ばれることもある軌道だ。

稀代の名ストッパー・リベラ投手（元ニューヨーク・ヤンキース）は、右バッターのインコースのボールゾーンにカットボールを投じ、ストライクゾーンに曲げてくる芸当を見せていた。こちらは「フロントドア」。体に向かってくるボールが手元で急激に曲がり、ストライクになる。バッターにとっては厄介な球種といって間違いない。メジャーリーガーでも、わかっていても打てない魔球クラスの変化球だった。

テレビ中継で、ダルビッシュ有投手（テキサス・レンジャーズ）のスライダーを見てほしい。スライダーだけでも数種類持っているが、彼のすごいところは意図的に曲げる場所を調整していることだ。たとえば、左バッターと対したときに、「フロントフットに曲がるスライダー」「バックフットに曲がるスライダー」を投げ分けている。つまりは、左バッターの前足に食い込ませるか、後ろ足に攻めていくか、ということ。一流ピッチャーだからこその技術といえる。また、上原浩治投手(ボストン・レッドソックス)もスプリットを握りの浅さを調整したり縫い目のかけ方といった指の位置を工夫しながら、落とす位置やコースを変えている。

ストライクからストライクではなく、ストライクからボール、ボールからストライクに投げ分けることができているか。ストライクゾーンを広く使った出し入れに注目してほしい。

球種の解説(第2章)で詳しく触れているが、このように使い分けることができると、同じスライダーであっても、まったく軌道の違うボールになる。これだけでスライダーが2種類にも3種類にも増えていくのだ。新たな球種を覚えることも大事だが、ひとつの球種を自在に投げ分けることでも、ピッチングの幅を広げていくことができる。

KUDO'S CHECK!

ストライクからボールだけでなくボールからストライクの出し入れもできるか

ストライクゾーンは平面でなく、立体

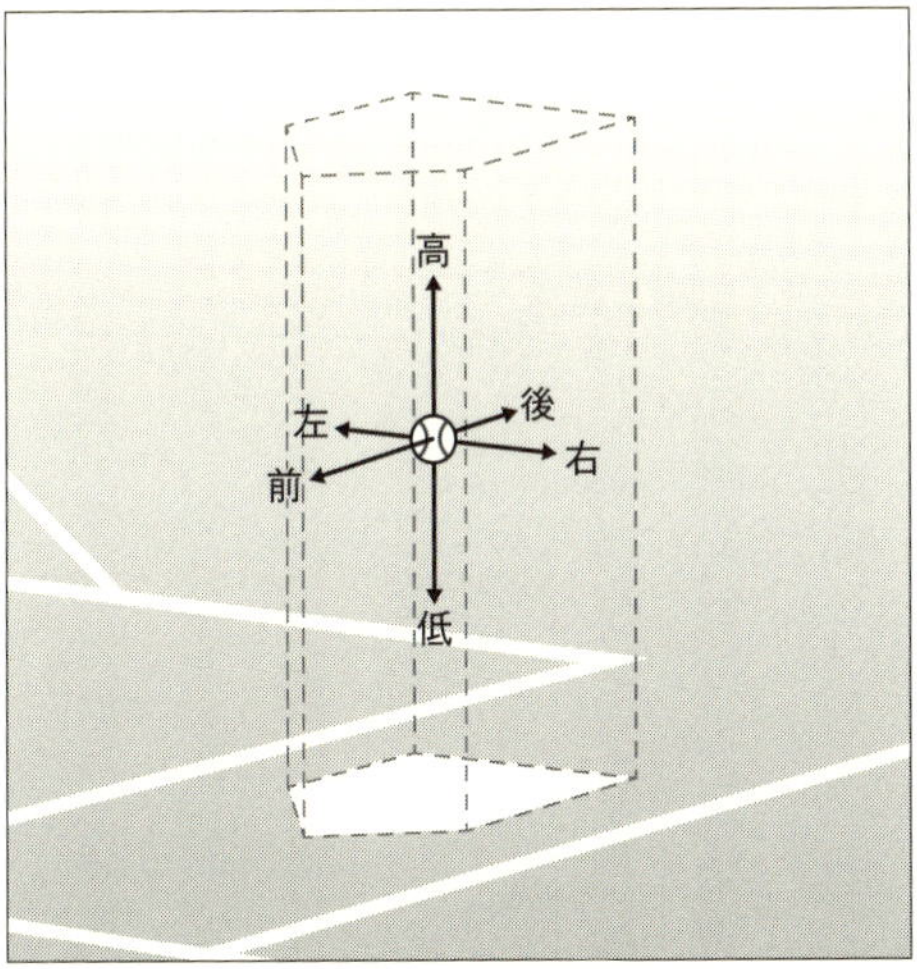

ストライクゾーンを三次元でとらえる

このように、ストライクゾーンを上下・左右・前後の三次元で考えて、バッターと勝負できるピッチャーは一流と呼べる。

タイプによって乱れ方がある

プロのピッチャーといえども、調子がいいときもあれば、悪いときもある。試合序盤に調子がよくても、中盤以降に疲れの影響でフォームが崩れてくることもある。毎試合・毎イニング、コントロールが安定して、自分が思ったとおりに投げられることは不可能に近いのだ。

その中でも、観戦する際にはコントロールの乱れ方に注目しながら見てほしい。いい乱れ方と、悪い乱れ方があるのだ。

シュート、スライダーなどヨコ変化を武器にするタイプは、低さが命。バッターのヒザの高さよりも高く浮いてしまうと、打たれる確率が高くなる。コースが甘くなってもいいので、低さだけは間違いないように投げる。現役時代の私がこのタイプだった。現在の球界を代表する左腕・杉内俊哉投手（読売ジャイアンツ）も同じタイプである。

ぼくの考えでは、これを「横軸回転」の投げ方と見ている。体の回転を利用して投げるピッチャーで、腕の軌道上、低めへのコントロールがつけやすい。

一方で身長が高くて、フォークやカーブなどのタテ変化が特徴のタイプは、コースが大事に

杉内俊哉投手は、横軸回転タイプ。このタイプはボールを低めに集めやすい。

なる。少々、高く浮いてもいいが、アウトコース・インコースの両コーナーにきっちりと投げわけられているかがポイントだ。ファルケンボーグ投手（東北楽天ゴールデンイーグルス）やサファテ投手（福岡ソフトバンクホークス）など、背の高い外国人ピッチャーにこのタイプが多い。こちらは、「縦軸回転」のピッチャーといえる。

このように、ピッチャーのタイプによって、コントロールミスの仕方が分かれる。甘いボールがあったとしても、一概に「調子が悪い」とは判断できないのだ。

ベンチで見つめる監督やピッチングコーチにとっては、この乱れ方がピッチャー交代のひとつのバロメーターにもなってくる。杉内投手のようなタイプが、ストレートが高くなり、変化球を低めに叩くようになってくると、黄色信号といっていいだろう。このような目で、ピッチャーの替え時を見ておくと、今まで以上に面白く観戦できるはずだ。

KUDO'S CHECK!

高低に乱れるか、左右に乱れるか
ピッチャーのタイプによって変わる

投手の軸回転は2通りある

縦軸タイプの投手

身長の高い投手は、上から投げ下ろすタイプが多い。軸が長く、縦軸回転での投球が適している。これらの投手が横軸で投げようとすると、遠心力の関係で手が引っ張られてしまい、コントロールがつきにくい。遠心力の影響を受けにくい投げ下ろす形だと、コントロールがつくが、どちらかというと左右のコントロールはつけやすく、高低のコントロールがつきにくい傾向にある。得意な変化球も、カーブ、フォークボール、縦に落ちるスライダーは変化しやすいが、シュートやスライダーなど、横に変化するボールを多投すると、フォームの崩れや故障につながりやすい。

横軸タイプの投手

平均的な身長（もしくは低め）の投手は軸が短く、横軸回転での投球が適している。高低のコントロールはつけやすく、左右のコントロールがつきにくい傾向にある。得意な変化球も、縦軸タイプとは違い、横に曲がるスライダー、シュート、カットボールなどで、フォークやカーブなどは変化しずらい。

	横軸タイプ	縦軸タイプ
身長［軸の長さ］	低め［軸が短い］	高め［軸が長い］
得意な球筋	上下のコントロール	左右のコントロール
得意な変化球	シュート、カットボール、横に曲がるスライダー	カーブ、フォークボール、縦に落ちるスライダー
代表的な選手	杉内（巨人）、摂津（ソフトバンク）	永川（広島）、武田（ソフトバンク）

※敬称略

4 意図的に「ボール球」を使うことができるか

ボール球にも種類がある

すでに触れたとおり、勝ちを急ぐピッチャーほどストライクを投げたがる傾向にある。ストライクを投げることで、バッターを打ち取りたいと思っているからだ。

しかし、負けないピッチャーの発想は違う。ボール球を意図的に使うことで、バッターの狙いを外し、的をしぼらせないようにしている。

具体的にいえば、このような攻め方が理想となる。ストライク・ボール・ストライク・ボール・ストライク。カウントでいえば、0－1、1－1、1－2、2－2と進んでいくわけだ。表現を変えれば、ストライク先行で攻めていく中でも、並行カウントを意識的に作り出していく。コントロールに自信があり、「ストライクはいつでも取れますよ」という心理的な余裕があるからこそそのピッチングともいえる。もちろん、ストライクは見逃しでも空振りでもファウルでもいい。

避けたいのが、ボール・ストライク・ストライク・ヒットのように、ボール先行のあとにストライクを集めて、ヒットを打たれてしまうことだ。

このボール球も、あきらかなボール球なのか、ストライクからボールになる際どいボール球なのかで、その意味は180度違ってくる。やはり、負けないピッチャーほど、このボール球の使い方がうまい。

プロのピッチャーであれば、ストライクを取れるのは当たり前のこと。プロで結果を残すには、いかに意味のあるボール球を使えるかどうかだ。ボールになってしまったのか、それとも意図してボールを投げているのか。ぜひとも、ボール球の質に注目してみてほしい。

KUDO'S CHECK!

ストライク先行で攻めつつも並行カウントを作ることができているか

カウントの整え方

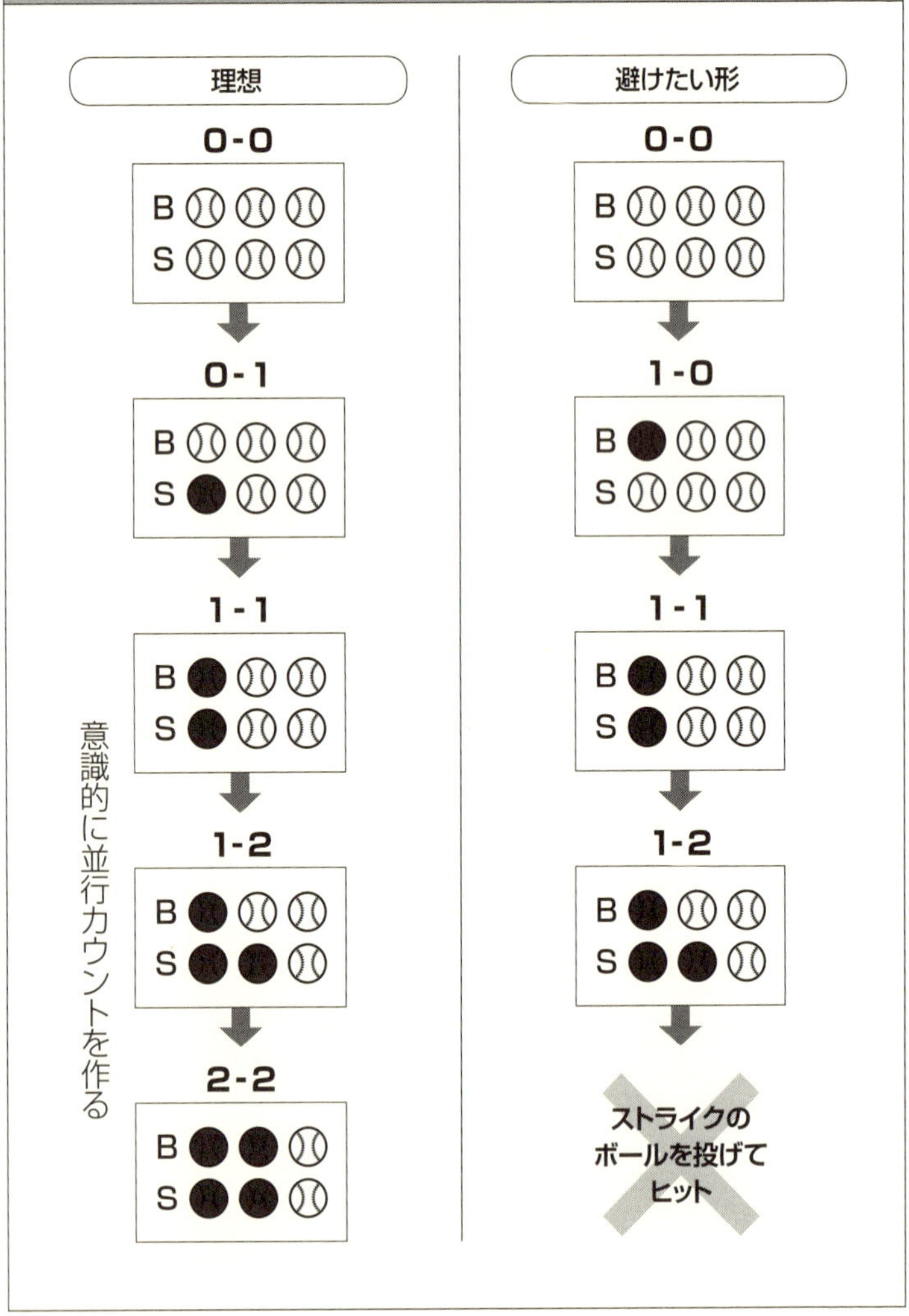

理想
0-0
B
S
0-1
B
S
1-1
B
S
1-2
B
S
2-2
B
S
意識的に並行カウントを作る
避けたい形
0-0
B
S
1-0
B
S
1-1
B
S
1-2
B
S
ストライクのボールを投げてヒット

ボール球はヒットになりづらい

なぜ、ボール球が必要なのか。もう少し、掘り下げて考えてみたい。

まずはイメージしてほしい。バッターはストライクゾーンとボールゾーンのどちらの投球をとらえたほうが、ヒットになりやすいだろうか。スポーツニュースで活躍したバッターの映像が流れるが、そのほとんどがストライクゾーンを打っているはずだ。空振りしたり、凡打になっているときは、ボールゾーンをスイングしているのではないだろうか。

ストライクのもともとの意味は「打てる球だから打ちなさい」である。「打てる球＝ヒットになりやすい球」と表現することもできる。ルールブック上のストライクゾーンを思い起こしてみると、バットがボールに届く範囲に定められている。

ボール球は、バットを振ってもヒットになりづらいコースであり、高さなのだ。だからこその「ボール球」。ピッチャーからすればこのボール球を振らせることが、アウトを取ることにつながっていく。

フォアボールは出したくないという心理

ピッチャーがストライクを投げたがるのには、こんな理由もある。

それは、「フォアボールを出したくない」という心理が働くから。多くの監督やコーチが、フォアボールをもっとも嫌がっていることにも関係している。「フォアボールを出すぐらいなら、打たれたほうがましだよ」というコメントを聞くこともあるだろう。

外から見ると、フォアボールはバッターと勝負をしないで逃げているように思われてしまうのだ。決して、そうではないフォアボールもあるのだが……。

若いピッチャーに多いのが、2ボールや3ボールから、ストライクを取りにいった甘い球を痛打されることだ。いわゆる、「置きにいったボール」である。腕が振れていないため、バッターにとっては打ちやすいボールとなる。

バッターがもっとも嫌がるのは、ピッチャーに腕を振られることだ。少々、甘いコースであっても、思い切り腕を振って投げられると、その勢いに負けてしまう。昨年、ルーキーながら15勝を挙げ、今年の交流戦では新記録の4完封をマークした則本昂大投手（東北楽天ゴールデンイーグルス)の最大の特徴といってもいいだろう。「打てるものなら打ってみろ!」の気迫で、しっかりと腕を振っている。

もちろん、ボール球にも同じことが言える。置きにいったボール球ではなく、腕を振って投げるボール球にこそ、意味が出てくるのだ。

要するに、大事なのはピッチャーが勝負しているかどうかだ。フォアボールを出したとしても、「こいつは勝負をしているな」と首脳陣に伝わっていれば、そんなに怒られることはないだろう。戦っているか、逃げているかは、長年プロでやっているものであればわかる。

ファンの視点からすれば、「表情」に注目である。やはり、気持ちが逃げているピッチャーは弱気な顔になっているものだ。テレビ中継では、顔がアップになるときもあるので、状況による表情の変化を見逃さないでほしい。

KUDO'S CHECK!
置きにいった投球には意味がない 腕を振って投げているかどうか

5 負けないための「セオリー」を実践できているか

主導権を相手に渡さない

負けないピッチャーは、試合における勝負所を確実に抑えることができる。言い換えれば、試合を作る力を持っているのだ。

一つひとつの球種が素晴らしくても、なかなか勝ち星に恵まれないピッチャーは、試合を作る力に課題があることが多い。

具体的にいえば、こういうことだ。

「先制点を取られない」
「味方が得点を取った直後のイニングをゼロに抑える」
「イニングの先頭打者を抑える」
「キャッチャーに打たせない」

ピッチャーを経験してきた人であれば、一度は指導者に言われたことがあるだろう。いわば、ピッチャーのセオリーだ。「そんなことわかっているよ！」と思うピッチャーも多いだろうが、頭でわかっているだけでなく、いかに実践できるか。ここが大きな違いとなる。

先制点は、相手へ主導権を渡すことにつながる。リードした展開で試合を進めていけば、勝ちパターンのピッチャーを早めにつぎ込むことができ、おのずと勝利に近づいていく。

味方が得点を取ったあとに失点してしまうことも同じ。たとえ、リードしていたとしても、主導権をなかなか握れないのだ。

いわゆる、「試合が落ち着かない」状況でもある。こういう状況では、リリーフ陣も早めに肩を作る必要があり、準備が難しくなる。

また、点差を見ながらピッチングができるかどうかも大きなポイントになる。3対0でも、3対2でも勝ちは勝ち。2点までは失っていいと考えることで、余裕を持ったピッチングをできることもあるのだ。こういうピッチャーほど実は防御率もシーズン全体を通じて見れば、いい数字になって表れるものである。ただし、繰り返しになるが、得点を取った直後の失点は避けなければならない。

このあたりは、第4章で詳しく触れているので、参考にしてほしい。点差や状況によって、打たれても仕方がないホームランもあれば、絶対に打たれてはいけないホームランもある。高校野球のように1試合勝負のトーナメントではなく、年間通して、同じ球団と20試合近く戦い、さらには翌年以降も対戦が続く。それによって引き起こされる「駆け引き」が存在しているのだ。

KUDO'S CHECK!

先制点を失わない
試合の主導権をいかにつかむか

6 ピッチャーの生命線はストレートにキレがあるか

わかっていても打ちづらい球種

プロのバッターであれば、球種とコースがわかっていれば対応することができる。

ヤンキース・田中投手のピッチングを思い起こしてみてほしい。対戦するメジャーリーガーの頭には「田中＝スプリット」という情報がインプットされているはずだ。当然、球団のほうからも「このカウントでスプリットが多い」という情報が伝えられている。試合を見ていると、スプリットを投げるタイミングを読まれて、明らかに見極められているケースがある。初めて対戦するバッターが多かった4月の戦いと、7月、8月、9月とシーズン終盤に向かっていく戦いでは、「準備」が変わってくるのである。

ただ、ピッチャーが投じるいくつもの球種の中で、「わかっていても打てない球種」がひとつあるとすればストレートだ。「打てない」というよりは「対応しづらい」と表現したほうが適切だろうか。

たとえば、阪神タイガースで活躍していたクローザーの藤川球児投手（シカゴ・カブス）。絶好調時は、誰が見てもストレートを投げてくるだろうという場面で、ストレートを投げ込んでいた。当然、バッターだってわかっている。でも、ファウルになったり、空振りになったり、ヒットを打つには難しい球種だった。

そして、ストレートが厄介なのはストライクゾーンに来るケースが多いこと。見極めていたら、ストライクカウントがどんどん増えていくだけである。「勝負球」といわれる変化球の大半は、田中投手のスプリットや、かつての野茂英雄投手（元ロサンゼルス・ドジャースなど）のフォークのように、ストライクからボールになる球種が圧倒的に多い。

つまりは、「打たない」「見逃す」という攻略法を立てることもできるのだ。バッター視点で考えれば、先発ピッチャーに対してボール球を打たないことで球数を投げさせ、中盤以降の勝負にもっていく戦い方もある。いわゆる「待球作戦」だ。しかし、ストレートはストライクゾーンで勝負することが多いだけに、バッターにとっては難しいボールといえる。

大事なことはスピードよりもキレ

ぼく自身の体験談で話をすると、2000年にセ・リーグに移籍したことで、打席に立つ機会が増えた。そこで、改めて感じたことがひとつ。ストレートはスピードではなくキレのほうが大事、ということだった。

多くのピッチャーのストレートを間近に見る中で、「何この球？　ボールが見えない！」と思ったのが山本昌投手（中日ドラゴンズ）である。球速は130キロ台半ば。スピードガンだけを見たら、まったく速くはない。あれには、驚かされた。年齢は私の二つ下、今年で49歳になる。昨年は5勝を挙げるなど、先発として活躍し、現役最年長勝利記録を更新した。決して驚くようなスピードボールを投げるわけではない。それでも、ここまで現役で続けられているのは、このキレのいいストレートがあってこそといえるだろう。

当時、中日で投げていたスリークォーターの武田一浩投手も速かった。いや、「速く感じた」と言ったほうがいいだろう。ストレートは常時140キロ出るわけではない。それでも、下から浮き上がってくるような軌道で、えらく速く感じたものである。彼もまた、キレのいいストレートを投げるタイプである。

一方で、150キロをズバズバ投げ込んできても、「あれ？　スピードガンほどではないな」と感じるピッチャーもいた。日頃、バッティング練習をしていないぼくであっても、ボールがしっかり見えるのだ。

この違いは何だろう……と、考えさせられたものである。そういう意味で、セ・リーグに移り、バッターの視点でプロのストレートを体感できたのは大きかったのかもしれない。

キレの秘密は回転数にあり

では、キレとは何だろう。

最近は解説でも、「ストレートのキレがいいですね」と当たり前のようにいわれ、居酒屋での野球談義でも「このピッチャーはキレがないなぁ」なんて言葉が交わされる。

キレの正体は、ボールの回転数にある。バッテリー間18．44メートルの中で、ボールがどれだけ回転しているのか。この回転数が多ければ多いほど、初速と終速の差が少ないストレートとなり、バッターの手元で失速しづらい軌道となる。物理的にストレートが浮き上がることはありえないが、バッターから見ると浮き上がっているように見えるのだ。杉内投手や、和田毅投手（シカゴ・カブス）は、このタイプの代表格といえる。

テレビ中継や球場で表示されるスピードガンは、基本的に「初速表示」。極端な話、初速が145キロ出ていたとしても、バッターの手元で133キロになっていれば、バッターは脅威には感じない。これが、初速が138キロで終速が133キロであれば、感覚的に「速い！」と思うものである。物理的な速さか、あるいは体で感じる速さか。「キレ」は後者となる。

観戦する側が「キレのいいストレート」を判断するにはどうしたらいいだろうか。ひとつのヒントになるのは、試合前、外野で行う遠投である。軽く投げている中でも、なかなかボールが落ちずに、遠くまでスーッと伸びていくピッチャーは回転数が高いと判断できる。力強く腕を振っているのではなく、軽く投げているのがポイントだ。

KUDO'S CHECK!

初速と終速の差にキレの秘密あり
試合前の遠投に注目せよ

球速表示と体感速度は違う!?

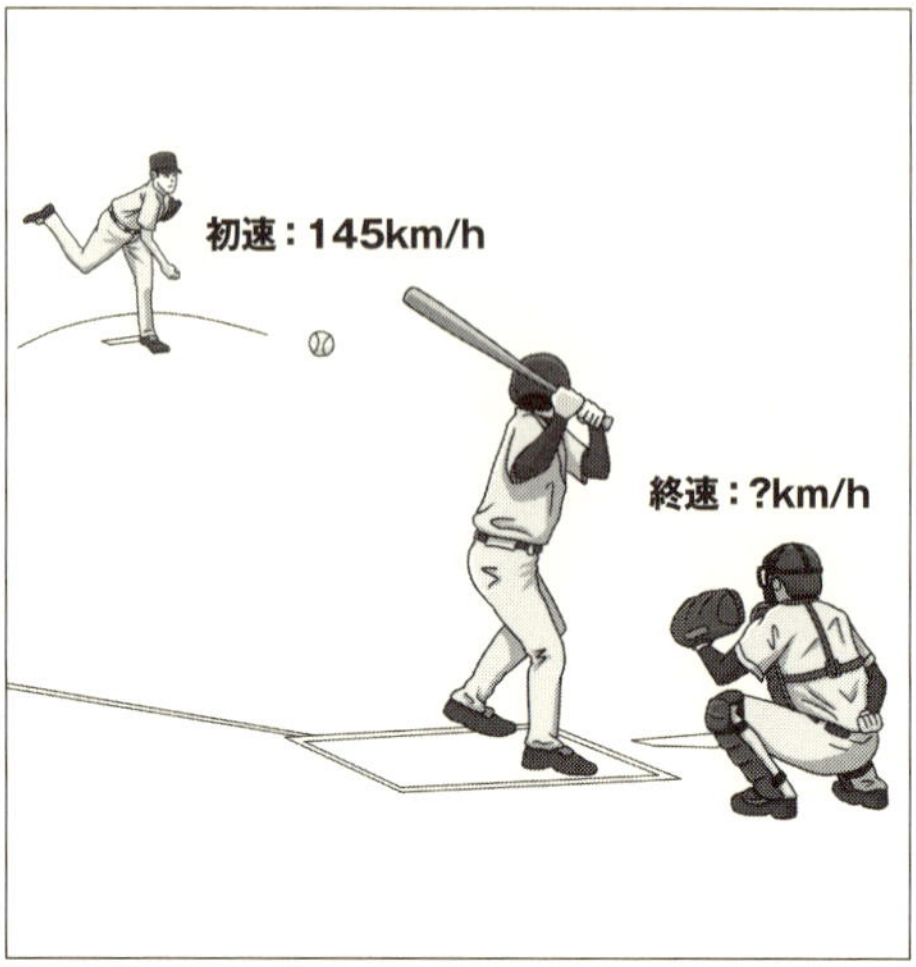

初速と終速の差が少ないピッチャーほど、バッターは「速い!」と感じる

テレビ中継や球場で表示される速度は主に初速である。球速が出ているのに打ち込まれるピッチャーは、このバッター付近で速度（終速）が落ちているために、バッターの体感として「速い」と感じていないからだ。試合前のピッチャーの遠投は、「キレのあるボール」を投げる可能性が高いかどうかを見る、一つの指標となるだろう。

日本人と外国人の「キレ」の違い

いま紹介した回転数は、フォーシームの話である。縫い目に対して、人差し指と中指を直角にかけることで、ボールが1回転するときに四つのシーム（縫い目）が回る。野球をやってきた人であれば、小さいときから教わってきた握りのはずだ。

フォーシームに対して、外国人ピッチャーが巧みに操るのがツーシームだ。縫い目に沿うようにして人差し指と中指をかけることで、1回転で二つのシームが回る。空気抵抗を考えたときツーシームのほうが抵抗を受けやすくなるため、バッターの手元で微妙に変化するのだ。回転数を上げて、キレのいいストレートを求めるフォーシームとは考え方が違うといえるだろう。

黒田博樹投手（ニューヨーク・ヤンキース）や田中投手ら、メジャーで投げているピッチャーは日本時代よりもツーシームの割合が増えているように思う。フォーシームのようにきれいな回転のストレートは、芯でとらえられたときに飛距離が出やすい。一方でツーシームは、表現は悪いが「汚い回転」のストレート。微妙に変化することで、バッターの芯を外すことができる。ゴロを打たせたいときに使うことが多い。

ストレートを基本線とした攻め方

オリックスの金子投手を見ていると、ストレートの「見せ方」が非常にうまい。「見せ方」とはこういうことだ。真ん中低めへのストレートを基本線として、そこからスプリット、フォーク、シンカー、スライダーと、タテ・ヨコへ曲げていく。金子投手の場合、ストレートと変化球で腕の振りがほぼ変わらないため、バッターにすれば「ストレートだ！」と騙されてしまうのだ。投じる軌道も、途中まではストレート。そこからストンと落ちたり、内側に食い込んできたり、外に逃げたりするので、対応が非常に難しい。

これも、ストレートという基本線があるからこそ、より変化球が生きていく。「途中までストレートに見える」というのが大きなポイントになる。

もちろん、だからといって完璧に抑えられるわけではない。バッターのテクニックが上回り、打たれることも当然ある。しかし、こういうピッチングができればその確率が低く、打たれたとしても長打は浴びづらい。負けないピッチャーは、巧みな投球術とコントロールで打

回転系と無回転系のボールの違い

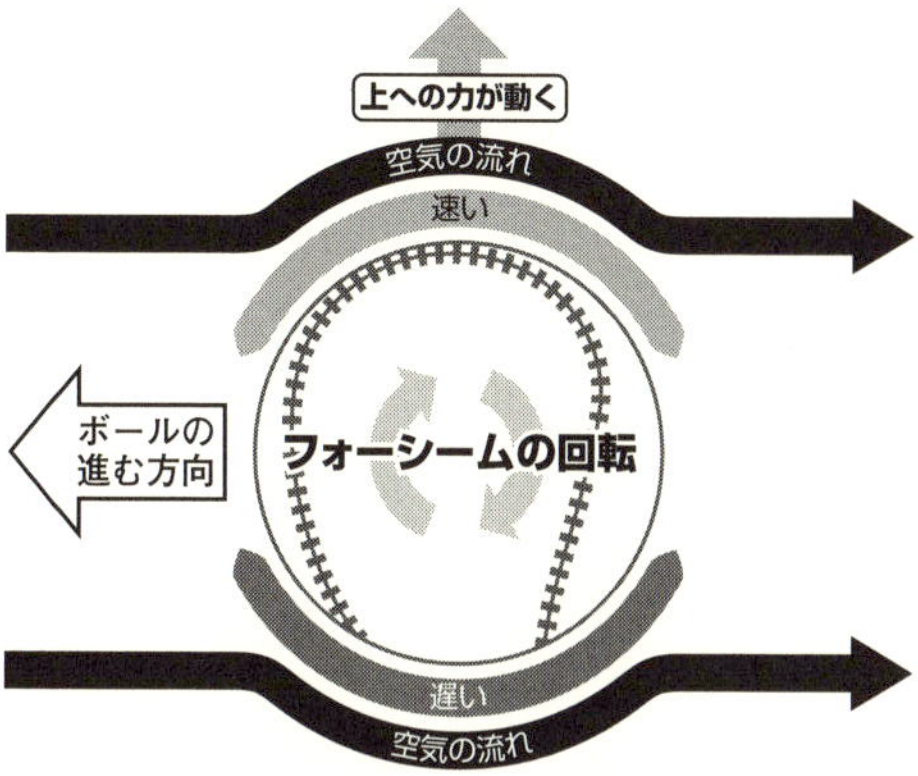

回転系の変化球(フォーシーム・シュート・カーブなど)

ボールがバックスピンをしながら進むと、ボールの上下で圧力の差が生まれる。この圧力の差が上向きの力を生み出す。回転数が多いほど、この上向きの力は強くなる。

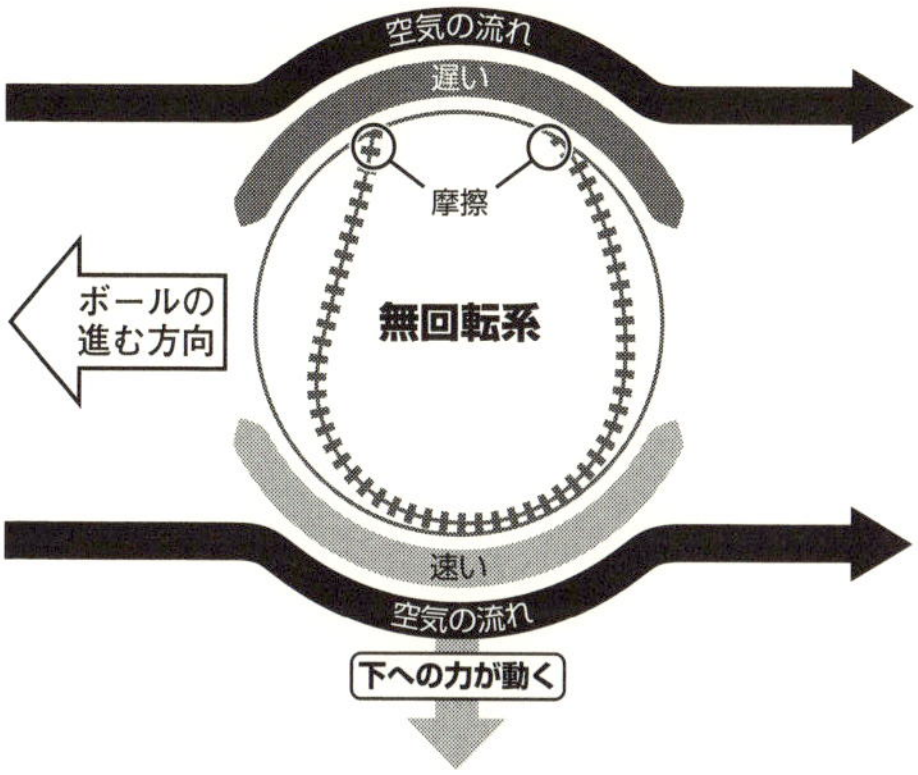

無回転系の変化球(ツーシーム・パームボール・ナックルなど)

縫い目のある上の面では、ツルツルした革の面より大きな摩擦が生まれ、揺れたり不規則な動きが起こる。回転が少ない分、重力の影響を受け、下向きに落ちやすくなる。

たれるリスクを減らしている。

腕の振りとキレのギャップ

金子投手のすごさはもうひとつある。それは腕の振り以上に、ストレート・変化球のキレが鋭いことだ。たとえるのなら、130キロぐらいの腕の振りで140キロ以上のストレートを投げている。140キロの腕の振りで140キロを投じるのなら、バッターは予測ができるため対応しやすい。しかし、ゆったりとした腕の振りでビュンと速い球がくると、バッターはどうしてもタイミングが取りづらくなる。

今年のキャンプで、藤浪晋太郎投手(阪神タイガース)が「インステップの矯正に取り組んでいる」と話題になった。藤浪投手は前足をホームベースに向かって真っ直ぐ踏み出すのではなく、右バッターボックスの方向に踏み出すクセがあった。そこから上体をひねって投げるので、前の肩を早めに開かざるをえない投げ方をしていた。

メリットもあった。右バッターの外にビシッと決まったストレートは、ほかのピッチャーよりも角度がある。スライダーがときおり、右バッターの内側に抜けることもあったが、背中側からインコースに曲がってくるため、バットを出しづらい球種にもなっていたのだ。

ただ、やはりインステップをしている分、細かいコントロールはつけづらい。踏み出し足の力の方向性が違うため、体にも無理な負担がかかることになる。1年で終わるプロ野球であればいいが、5年、10年、15年先を考えると、やはり直したほうがいいだろう。

藤浪投手に関しては「フォーム矯正」と書かれることが多かったが、ピッチャー出身のぼくからしたら、インステップを直すことはフォームを直すことにはつながらない。フォームを直すとは、腕の上げ方や腕の角度を変えることであって、ステップを変えるぐらいであれば、そこまで大きな矯正ではないだろう。

インステップの原因は軸足のヒザにある。軸足で立ったあと、体重移動を行うときに、どうしてもヒザが折れてしまうのだ。折れることによって、力のベクトルが三塁側に向き、必然的に踏み出す足も三塁側、つまりクロスに入ってしまう。

なぜ、この話をしているかというと、藤浪投手は腕をめいっぱい振って、速い球を投げるタイプだからだ。腕の振りと球速にギャップがない。ここに金子投手のようなギャップが生まれれば、さらにいいピッチャーになるはずだ。

金子千尋投手は、低めのストレートを軸に変化球をうまく織り交ぜて、コースを変えていく。バッターにとっては打ちにくい投手といえる。

本当の意味で変わったかは、軽く投げているように見えるかどうか。力感がないのが理想的だ。感覚的な表現になるが、擬音を使うのであれば「フ〜〜、パン！」。力づくで投げているうちは、どうしても力感が出てきてしまう。

KUDO'S CHECK!
力感を感じないフォームか
腕の振りと球速のギャップに注目

7 プロで活躍できるリリーフの条件 先発とリリーフに求められることの違い

短いイニングで「特徴」を生かす

リリーフに求められる要素は、「特徴」である。「武器」と置き換えてもいい。誰よりも速いストレートを持っている、わかっていても打ちづらい球種がある、長身からの角度がある、精密機械のようなコントロールを持っているなど、何かひとつ飛び抜けた特徴があれば勝負になるポジションといえる。

球種にしても、先発であればストレート以外に四つの変化球が理想となるが、リリーフの場合はストレートに加えて、ひとつか二つの変化球しか持っていなくても、戦うことができる。そのひとつが狙っても打てない変化球であれば、勝ちパターンのリリーフを任されることになるだろう。

なぜかといえば、リリーフは基本的には短いイニングしか投げないからだ。その日の調子やカウント球の傾向が見えてきて、「さぁ、対策を練ろう」と相手が思っているときには、もうマウンドにはいない。このあたりが、長いイニングを投げる先発とは根本的に違う。球種が少なくても、力や勢いで押し切ることができるのだ。

わかりやすい例をあげれば、155キロのストレートをたった1イニングで何とか攻略しようとするのは、至難のワザ。これが先発で7回、8回と投げてくれれば、スピードが落ちてくることもあり、攻略の糸口が見えてくる。

リリーフで活躍しているピッチャーは、いまの例にあげたように速いストレートを投げ込むタイプが多い。オリックス・バファローズのセットアッパー・佐藤達也投手はその代表格だろう。気持ちいいほどに腕を振って、150キロ前後のストレートと、鋭く落ちるフォークで勝負してくる。昨年、大ブレイクをはたし、リーグ最多の42ホールドポイントで最優秀中継ぎ賞のタイトルを受賞した。

投手継投の中で、監督が考えることは「先発よりいかに打ちづらいか」ということだ。先発よりも打ちやすいピッチャーがマウンドに上がってしまったら、先発を続投させたほうがいいことになる。リリーフのほうがスピードが遅ければ、「打ちやすいな」と思うのがバッター心理。理想をいえば、先発、セットアッパー、クローザーと、終盤にいくにつれてスピードが上がっていくほうが、バッターは対応が難しくなるものだ。

速球派がいなければ、武器になる球種や、低めを突くコントロールでもいい。先発よりも何かひとつ優れている点が絶対的に必要だ。それぞれの特徴を見極めて、監督が起用していくことになる。

たとえば1アウト一、二塁のピンチで、先発を交代させるとする。ここで欲しいのは三振を取れるピッチャーよりも、ゲッツーを取れるピッチャー、つまりは低めや両コーナーの変化球(シュートやスライダーなど)でゴロを打たせて取るタイプだ。これが、1アウト三塁となれば「三振」がもっともいい結果のため、起用するピッチャーが変わってくるわけである。このように考えると、どの状況にも対応できるリリーフ陣を備えているチームはやはり強い。

KUDO'S CHECK!

先発とリリーフは違う
先発にはない「特徴」を持っているか

クローザーに必要な要素

リリーフの中でもクローザーには、絶対的な力が求められる。9回1イニング限定で、1点差や2点差の接戦で登板する。あと、勝利までアウト三つ。この三つのアウトを取るのが難しいのだ。

プロ野球を代表するクローザーは、わかっていても対応が難しい球種を持っている。昔でいえば、横浜ベイスターズで活躍していた佐々木主浩投手のフォークや、西武の潮崎哲也投手のシンカーである。藤川球児投手であれば、ストレートになるだろう。

今、もっとも長く、第一線で活躍しているクローザーは岩瀬仁紀投手といって間違いない。2004年からクローザーに定着し、翌05年から9年連続で30セーブ以上を記録。日本プロ野球のセーブ記録を更新し続けている。

岩瀬投手の最大の武器がスライダーだ。曲がり幅が大きいうえに速い。速いというのはスピードガン上の速さではなく、バッターの手元で感じる速さだ。大きく曲がると同時に、ビュンと曲がる。カットボールに近いかもしれないが、カットボールの曲がり幅はボール半分から1個分。岩瀬投手のスライダーはこれよりも曲がっているのだ。バッターからすれば、何年対戦していても、このスライダーを打つのはやはり難しい。

昨年までヤンキースで活躍していたリベラ投手が武器にしていたのがカットボール。左バッターの懐へ、しつこいぐらいに投げていた。バッターもわかっているのに打てない。プロの世界である。しかし、プロのバッターであっても、狙っていても対応が難しいボールが存在するのだ。超一流のクローザーこそが持っている、絶対的な武器といえる。

そして、岩瀬投手のスライダー、リベラ投手のカットボールに共通するのは、ストライクゾーンに投じられるということだ。ストレートのページ（43ページ）でも紹介したが、見逃してもストライクのため、打たざるを得ないわけだ。

KUDO'S CHECK!

絶対的な決め球を持っているか
ストライクゾーンに投げられる球種ほど厄介

目に見えない疲労が蓄積するリリーフ

先発にもローテーションがあるように、リリーフにもある程度のローテーションを組むべきだと考えている。

リリーフが1日にどれぐらい投げるか、想像がつくだろうか。試合前のキャッチボール、遠投、ブルペン……、多いときで100球以上は投げている。それだけ投げても、実際にマウンドに上がるかどうかわからないのがリリーフの難しいところだ。

試合に投げなくても、知らず知らずのうちに疲労がたまっていく。1試合で終わるのであればいいが、プロ野球のシーズンは長い。特に疲れが出やすいのが夏場の暑い時期だ。優勝争いも佳境に入る夏場に、リリーフ陣が力を発揮できない状態に陥っていれば、チームの結果は自ずと見えてくるものだろう。

メジャーリーグを見ていると、勝ち試合で投げるリリーフが出場メンバーに入っていないことがある。「2連投したので今日はお休み。3連投はさせない」と、首脳陣が決めているのだ。これは長いシーズンを考えたうえで、とても大切なことだと感じる。精神的にも、リフレッシュすることができるだろう。

もうひとつ大事なことは、役割分担を明確にすること。勝ちパターンでは誰を投げさせて、ワンポイントでは誰、8回は誰、9回では誰と決めておく。自分がどこで投げるかわかっていれば、ブルペンでの心と体の準備もスムーズにいく。心と体を高めながら、試合に入ることができるのだ。これが、勝ち試合でも負け試合でも接戦の場面ではいつでも投げるとなると、準備がしづらくなる。

最近は1イニング限定のピッチャーも多いが、これにも意味がある。ピンチをしっかりと抑えたピッチャーを交代させると、ファンからすれば「調子がいいんだから、次のイニングも投げさせればいいじゃん」と思うかもしれないが、投げているほうとしては精神的に負担がかかることなのだ。

というのも、ピッチャーの性格にもよるが、1イニングを抑えるとホッとしてしまうピッチャーが多い。これは決して悪いことではなく、これがピッチャーの心理というものだ。とくに接戦の終盤で登板するリリーフは、ブルペンから気持ちを高め、集中力を上げていく分、ピンチを抑えたあとは、ベンチに戻ってホッとする。えてして、「イニングまたぎ」となる次のイニングの結果はよくないことが多い。

1イニングで代えているようなときは、このようなピッチャー心理を考えながら、監督の采配を見てほしい。

KUDO'S CHECK!
リリーフのローテーションが確立されているか
役割分担が明確になっているか

リリーフでよみがえるピッチャー

2012年、埼玉西武ライオンズの涌井秀章投手(現千葉ロッテマリーンズ)が、シーズン中盤から抑えに転向し、リーグ2位となる30セーブの好成績をあげた。昨年も終盤から抑えにまわり、9月25日から10試合連続登板、10月1日からは6日連続でセーブを記録するなど、クライマックスシリーズがかかった戦いで見事な働きを見せた。

なぜ、渡辺久信監督が涌井投手を抑えにまわしたのか。それは、涌井投手の鋭い腕の振りを復活させ、入団3年目や4年目の頃の速いストレートをよみがえらせるためだ。涌井投手は年々、ストレートの勢いやキレが落ちていたように感じる。先発として7回、8回まで投げることを考える中で、どうしても「ペース配分」が先にきて、変化球でかわすピッチングが目立っていた。その結果、腕の振りがゆるくなり、先発としてなかなか思うような結果が残せなかった。最後に二桁勝利をあげたのが、14勝を挙げた2010年となる。

リリーフにまわると、ペース配分を考える必要がなくなる。涌井投手が任されたのは9回1イニング限定のクローザー。はじめから100パーセントの力で、バッターと戦わざるをえない状況にあえて放り込んだわけだ。結果として、クローザーとしては十分な活躍を見せたといっていいだろう。

今年から千葉ロッテに移籍したが、問題は先発で投げたときに腕の振りが戻ってくるかということだ。ひとつの参考になるのが、ストレートの球速表示。状態が良いときの涌井投手は140キロ台後半を記録していた。スピードが戻ってくれば、当然、まだまだやれる力を持っている。

ピッチャーの原点は「腕を振る」ということだ。それがコントロールを気にしたり、ペース配分を気にすることで、知らず知らずのうちにこの原点を忘れてしまう。少々、コースが甘くても魂を込めて、思い切り腕を振って投げれば、バッターが打ち損じることもある。それがピッチャー対バッターの戦いだ。涌井投手にはピッチャーの原点をもう一度、思い起こしてほしい。

KUDO'S CHECK!

ピッチャーの原点は腕を振ること
涌井投手の球速表示に注目

8 負けないために必要なクイックけん制よりもクイックの時代

レベルが上がっているクイックの技術

ぼくが西武やダイエーで投げていた時代と比べると、クイックの技術が格段に上がっている。一部のピッチャーだけでなく、プロ野球全体での話だ。ピッチングコーチが「クイックができなければ勝てない」と、ピッチャーに自覚させ、真剣に取り組んでいる結果といえるだろう。

プロのレベルではクイックができなければ簡単に走られる可能性が高い。そうなると、走られたくないからけん制を増やし、バッターに集中できなくなる。さらに、変化球を投げづらくなり、ストレート中心の配球になるという悪循環に陥ってしまうのだ。

なぜ、変化球を投げづらくなるのか——。

それは、変化球よりもストレートのほうが、キャッチャーミットに届く時間が遅いからだ。

遅いということは、もしランナーがスタートを切っていた場合、わずかであるが二塁ベースに到達する時間が早くなる。コンマ何秒かの世界かもしれないが、このわずかな差がセーフとアウトを分ける。

若いキャッチャーの場合も、盗塁が想定される場面ではストレートを要求したくなる傾向にある。それは、カーブよりもストレートのほうが二塁に投げやすいというためだ。フォーク系のタテ変化はワンバウンドする可能性もあるため、もっと投げにくい。さらにいえば、右バッターのインコースへのストレートよりも、アウトコースのストレートのほうがキャッチャーは二塁に送球しやすい。インコースはバッターの体に近いため、そのまま二塁方向に真っ直ぐステップをしたらバッターに当たってしまう恐れがあるのだろう。

このあたりのバッテリー心理は、攻撃側もわかっていることだ。「アウトコースのストレート」に狙いをしぼって、ヒットエンドランをかけたり、右バッターであれば右打ちを狙うことができる。一、二塁間に抜ければ、一、三塁にチャンスが拡大する。

これが、クイックに自信があるピッチャーであれば、けん制にも投げる球種にもそこまで気を配らなくていいだろう。キャッチャーも迷わずに、変化球を要求できる。つまりは、対バッターに集中できるわけだ。

当たり前のことだが、ひとりのランナーも出さずに試合終了を迎えるのはゼロに等しい。そんなことは完全試合でしかありえないわけだ。ノーヒットノーランで終わったとしても、四死球やエラーでランナーは出ている。セットポジションからどのように抑えるかは、負けないピッチャーになるための必須ポイントである。

少し難しい視点になるかもしれないが、本多雄一選手（福岡ソフトバンクホークス）や陽岱鋼選手（北海道日本ハムファイターズ）が一塁に出塁したときの配球に注目してみてほしい。アウトコースのストレートを中心に攻めていたら、ランナーに気を配りすぎているということ。クイックに自信がないことも感じ取れる。

KUDO'S CHECK!

ランナーをどこまで気にしているか
ストレートに偏った配球になっていないか

コンマ1秒の世界で勝負をしている

具体的にタイムの話をしよう。

プロの合格点は、クイック1．1秒以内だ。つまり、足を上げてからボールがミットに届くまでが1．1秒以内ということ。どのピッチャーも、このタイムを目標にしている。1．1秒以内であれば変化球を投げても、盗塁されることはないだろう。1．2秒であれば遅い、ということになる。わずか0．1秒の違いだ。

いきなりストップウォッチで計るのは難しいかもしれないが、試しに一度計測してみてほしい。いまは、携帯電話にもストップウォッチの機能がついている時代だ。計ってみることで、「クイックはこのぐらいの速さなのか」と実感することができるだろう。
1．2秒や1．3秒で投げるピッチャーに対しては、キャッチャーはどうしてもストレートを要求したくなる。ストレートでなければ、盗塁を刺せないからだ。盗塁を刺すのは、ピッチャーとキャッチャーの共同作業。キャッチャーの肩がいくら強くても、クイックが遅くて

内海哲也投手のクイックは、球界トップクラス。ランナーが出ている場面での内海投手の投球に注目だ。

は刺すことはできない。

いまのプロ野球界でクイックに長けているのは内海哲也投手(読売ジャイアンツ)や久保康友投手(横浜DeNAベイスターズ)だ。田中投手も年々うまくなっている。田中投手はルーキーイヤーに28個の盗塁を許したが、2年目は7個。クイックが上達したからこそ、盗塁数を減らすことができた。

内海投手は左腕だ。左腕は一塁ランナーを正面に見ることができるため、「スタートを切られづらい」と思われているが必ずしもそうではない。その理由のひとつが、ボークに対する基準が厳しくなっていることだ。

ぼくがプロに入った頃は、足を上げてお尻が前に移動してからでも、右足を一塁方向に踏み出せばボークを取られることはなかった。でも、いまはこのけん制は通用しない。「ホームに投げる動作」と判断され、ボークを取られてしまうのだ。左ピッチャーはこれができるから、ランナーのスタートを遅らせることができたのだが……。ルール上でダメとなれば、クイックを磨くしかないわけだ。見方を変えれば、こういったボークの流れがあったために、クイックの技術を磨くピッチャーが増えたのかもしれない。

KUDO'S CHECK!

クイックの目標タイムは1．1秒以内
巨人・内海投手のクイックは必見！

クイックで球威が落ちるのは当たり前

プロでもクイックのときは球威が落ちるが、それは当然のことである。ワインドアップやノーワインドアップのときのように足を高く上げることができないため、下半身から生み出すエネルギーも少なくなる。

ぼくは球威が落ちるものだと思って、投げていた。そこで求められるのが、変化球とコントロールの精度である。球威が落ちる分をこの二つで補っていくのだ。だからこそ、はじめにお話ししたように、とくに先発ピッチャーは球種が多ければ多いほど優位になる。クイックをしながらも、三～四つの球種でストライクを取ることができれば、相手ベンチも狙いがしぼりづらいため仕掛けがしにくい。

これが、クイックのときはストレートとスライダーでしかカウントが取れないとなれば、ベンチは仕掛けがしやすくなるのだ。バッテリーとしては、相手にいかに的をしぼらせないかがポイントとなる。

KUDO'S CHECK!

変化球の使い方に注目
3〜4球種使えれば一流の証

ピッチャーから見たイヤなランナー

最後に、ピッチャー視点で見たランナーについても紹介しておこう。

ピッチャーにとってイヤなのはリードが大きくて、足が速いランナーだ。左ピッチャーは正面にランナーが見えるだけに、リードの大きさはやはり気になる。

ピッチャーにとって一番よくないのは、ランナーを気にしすぎてしまうこと。ランナーによっては、「ワンウェイリード」と言って、一塁への帰塁しか考えていない場合がある。戻りだけに集中しているので、いつもよりも半歩ほどリードを取ることができる。このリードに惑わされて、けん制を増やしてしまうと、相手の思うツボとなる。

足の速いランナーが出塁した場合は、「二塁に走られても仕方がない。ホームに還さなければいい」と、開き直っていたこともある。

なお、いまはランナー二塁のときでもクイックを使うピッチャーが多い。隙あらばと、三盗を狙っているランナーがいるからだ。二塁ランナーはピッチャーの顔がホームに向いた瞬間にスタートを切ることが多いため、スタートを遅らせるにはランナーを見たまま足をあげるなど、工夫が必要になってくる。ランナーに目線を向けた状態で投球動作に入れば、なかなかスタートが切れないものである。

KUDO'S CHECK!

**ランナーを気にしすぎていないか
ホームに還さなければいいという開き直り**

第2章 球種の見極め方

1 信頼できる球種をどれだけ持っているか

球種が多いことのメリットとは

第2章では「球種」について、詳しく紹介していこう。試合中に、どんな球種を投げているのか、その特長だけでなく、コースや使っている状況を知ることでさらに試合を深く紐解くことができるだろうし、違った視点で観戦を楽しめるはずだ。

最近の若手は指先が器用なピッチャーが多く、さまざまな球種を持っている。田中投手、ダルビッシュ投手、金子投手、前田健太投手（広島東洋カープ）、負けないピッチャーの顔を思い浮かべてみると、彼らの球種はやはり多い。ダルビッシュ投手は、スライダーだけでも3種類ほど投げ分けており、自在に操っている。

では、球種が多いことのメリットはどこにあるのだろうか。

極端な例を挙げてみる。バッターの視点で考えたとき、もし、球種がストレートしかなければどういうバッティングができるだろうか。プロ野球の世界では実際にありえない話ではあるが……、1・2・3のタイミングで、間違いなくフルスイングができるはずだ。

いくつかの球種を持っていたとしても、カウントによってはストレートだけに狙いをしぼることもできる。変化球でストライクを取れずに、カウント3ボールになったとする。バッターが考えるのは「高い確率でストレートしかないだろう」、ピッチャー心理は「フォアボールを出したくない」。ストレートでカウントを取りにいくと、ヒットになる可能性が高くなるわけだ。

では、ここにカーブが加わるとどうか。140キロのストレートに、110キロのカーブ。ストレート一本で狙うわけにはいかなくなるが、カーブが3球続いたあとに、さらにカーブを投げる可能性は低い。バッテリーは同じ球種を投げ続けると、心のどこかで「次は狙われるんじゃないか？」という不安が出てくるからだ。このように、二つの球種しかなければ、配球の傾向を読んで、簡単にひとつの球種に狙いをしぼることができる。

ならば、ここにスライダーが入り、さらにフォークがあると、バッター心理はどう変わるか。狙いをしぼるのが難しくなるのは、容易に想像できるだろう。それぞれの球種はスピードが違えば、変化の仕方も違うため、バッターにはさまざまな打ち方が求められることになる。

バッターの体に近い球種と遠い球種

左ピッチャー対右バッターで考えてみよう。

持ち球がストレート、スライダー、カーブだったとする。若いときのぼくは、このタイプだった。バッターからすれば、いずれの球種も体の近くに向かってくるボールだ。アウトコースのストレートだとしても、左ピッチャーの角度を考えると、バッターにとっては向かってくる感覚が強い。こうなると、向かってくるボールだけに対応できるため、狙いをしぼりやすくなる。

ここに、チェンジアップやシンカーが加わると、バッターの対応の仕方がまったく変わってくる。投げているピッチャーによって軌道の違いはあるが、基本的には外に逃げていくボールだ。これによって、向かってくるボールと、逃げていくボールの二つが存在することになる。バッターはカウント0－0や2－0など、ストライクカウントに余裕があるときは、どちらかに狙いをしぼることができるが、追い込まれるとそうはいかない。向かってくるボール、逃げていくボールの両方をケアしながら対応するため、バッティングが難しくなってしまうのだ。

仮に、逃げていくボールだけを頭に入れていたらどういうことが起こりえるか。バッターはアウトコースへの意識が高まるため、インコースに食い込んでくるスライダーやストレートを投げられると、差し込まれる可能性が高い。

どんな一流のバッターでも、体に近いところが得意か、遠いところが得意か、それぞれに特徴を持っている。近いところが得意なバッターは、アウトコースに対して自分の打ち方を変えて、対応しなければいけないのだ。打ち方を変えるということは、形が崩れるうえに、力が入りづらい。

ピッチャーにとって、球種が多いということは、こうしてバッターの打ち方を崩していくことができるのだ。

右ピッチャー対右バッターで考えたとき、たいていのピッチャーが持っている球種がストレート、スライダー、カーブ。わたしは『熱闘甲子園』のキャスターを務めて3年目になるが、高校生のほとんどがアウトコースのストレートとスライダーで攻めている。いわゆる、体か

体に向かってくる変化球がなかったら……

外角のボールに踏み込みやすくなる

体に向かう球種、逃げる球種。理想をいえば、ピッチャーはどちらの球種も習得しておきたい。体に向かうボールが少ないと、やはりバッターは外角へ踏み込みやすくなる。

ら遠いボールだ。そのため、バッターは踏み込んで対応することができる。

では、シュートを持っていたらどうだろうか。体の近くに食い込んでくるため、バッターは打ち方を変えなければいけない。シュートがあることで、踏み込んでアウトコースを打つことに迷いも生じるわけだ。テレビ観戦する際には、ピッチャーのボールの軌道を見ながら、バッターの体に近い球種と遠い球種がどのような割合になっているのかも注目してほしい。

KUDO'S CHECK!

体に向かってくる球種と逃げていく球種を投げ分けられているか

目の錯覚を利用する

第1章のおさらいを少し。

「ホームベースの横幅が何センチか」

正解は43・2センチ。

「では、ここに何個のボールを置くことができるか？」

こちらの正解は6個だ。

わずか6個である。18・44メートル（バッテリー間の距離）先から、6個分しかないストライクゾーンを目掛けて投げてくる。第1章でお話しをした「ボール半個の出し入れ」がいかにレベルの高い芸当なのか、イメージがわくのではないだろうか。

ただし、このストライクゾーンは、バッテリーの配球によって広くも狭くもできる。物理的なストライクゾーンは変わらないが、バッターの目の錯覚を利用するのだ。

バッターはインコースを意識していると、アウトコースがとても遠くに感じることがある。インハイにストレートがきたときは、目の近くにボールがくるため、ドッジボールぐらいの大きさに見えるともいう。バッターにはこの印象が強烈に残る分、外のストライクがより遠くに感じてしまうのである。ストライクゾーンがボール6個分ではなく、7個にも8個にも広がっていることだろう。もちろん、その逆もあり、アウトコースばかり意識していると、インコースがまったく見えなくなってしまう。

よく、こんなシーンを見かけないだろうか。追い込んでから、インコースのストレートに対して、まったく反応できずに見逃し三振。これは、いわゆる「目付け」が完全にアウトコースに向いている証拠である。

もっとわかりやすいのが、ストライクゾーンにもかかわらず、インコースのストレートに腰を引いて避けてしまうことだ。バッターは「デッドボール！」と感じるぐらい、体の近くにボールがきている錯覚に陥っている。

もし、「なぜ、インコースのストレートに手が出ないで、見逃し三振をするんだ？」と思うことがあれば、バッターのストライクゾーンが広がっていると考えてみてほしい。裏を返せば、バッテリーがストライクゾーンを広げたということ。これも、向かってくるボールと逃げていくボールの両方があるからこそ成せるワザである。

KUDO'S CHECK!

**見逃し三振は
バッターのストライクゾーンが広がっている証拠**

球種をいかに操ることができるか

第1章で紹介した、スライダーの「バックドア」「フロントドア」。ストライクからボールになる変化球だけでなく、ボールからストライクに入れてくる変化球の重要性を説明した。ここまでできてこそ、「球種を操ることができる」といえるだろう。ひとつの球種をどんな軌道でも投げることができれば、バッターは同じスライダーであっても、打ち方を変えなければいけなくなるのだ。

谷佳知選手とは、オリックスの主力として活躍していた頃に何度も対戦した経験がある。低めが好きなローボールヒッターである谷選手は、低めのスライダーはきれいにミートするが、高めのスライダーはフライを打ち上げる傾向があった。自分のスイングを変えなければいけないために、ミートポイントが近くなり、差し込まれてしまう。谷選手と対戦するときは、スライダーを低めではなく、あえて高めに投げていたものである。

基本的には「低めに投げなさい」と、小さい頃から教わるのがピッチャーである。しかし、低めが得意なバッターにわざわざ低めに投げることはない。しかし「じゃあ、高めに投げればいいでしょう」といっても、高めにスライダーを投げる練習をしているピッチャーはそうはいない。試しに、キャンプや試合前のブルペンでピッチング練習を見てほしい。だいたい、キャッチャーが構えるのは低めか、両コーナーである。

スライダーを意識的に高めに投げ、甘いコースであるにもかかわらず、バッターが打ち上げていたとしたら、その裏にはこういった背景があるということだ。ピッチャーにとっては失投ではなく、狙って投げた高め。高めに放ることが、すべて悪いというわけではないのだ。こういうピッチングができてこそ、負けないピッチャーとなる。

KUDO'S CHECK!

ひとつの球種でさまざまな軌道を投げ分けられる投手は打たれにくい

タイプによって投げやすい球種がある

これも第1章で触れたが誰もがフォーク、誰もがスライダーを投げられるわけではなく、ピッチャーのタイプによって投げやすい球種がある。体のメカニズムとして、縦軸のピッチャーはスライダーやシュートなど、左右に曲がる変化球は投げにくい一方で、横軸はフォークなど落ちる変化を投げにくい傾向にある。

縦軸がスライダー、シュートを無理に投げようとすると、体の軸がだんだんと横に近づいていき、本来持っている自分自身の良さが失われることがある。「スライダーを投げすぎて、ストレートのキレが落ちる」という話を聞いたことがあるかもしれないが、こういう関連性もゼロではない。

ぼくは横軸なので、フォークを投げにくかった。指が短くて、ボールをしっかり挟めないということもあったが……、その代わりに覚えたのがチェンジアップ。ぼくのように、チェンジアップをフォーク代わりに使う横軸は多いように思う。

2 球種が増えることでピッチングが変わる

イメージにない球種はバッターを困惑させる

シーズン中、何度も対戦するのが当たり前のプロ野球。最近はデータも緻密になってきているため、ピッチャーがどの球種を持っているかはすべてのバッターが知っているといっていい。全投球のうちストレートが何パーセント、スライダーが何パーセントという割合や、カウント別に投じる球種の割合など、細かなデータがバッターの手元には渡っている。

ただ、裏を返せば、しっかりとデータがあるということは、データとはまったく違う攻め方をされると、バッターは困惑するということだ。

昨年、セ・リーグのクライマックスシリーズ、ファイナルステージ第2戦では、菅野智之投手(読売ジャイアンツ)がシーズン中にあまり投げていなかったフォークを解禁し、広島を完封で下した。「フォークはデータになかったと思う」と、菅野投手はフォークを投げた理由を明かしている。

日本シリーズ第1戦では、則本投手がフォークを多めに配し、巨人打線を8回4安打2失点に抑えた(結果は2対0で巨人の勝利)。それまで、ピッチングの軸となっていたのがストレートとスライダー。おそらく、巨人打線は、フォークをそこまでケアしていなかったはずだ。

このように、データでは「割合は少ない」と見ていた球種が突然増え、さらにその球種の調子がいいとなると、バッターは攻略が難しくなる。配球の割合を変えるだけでも、球種の生き方が変わってくるのである。

このピッチングができるというのは、日頃から投げていて、軸になる変化球以外にも信頼がおける球種があるということだ。やはり、球種が多いというのはピッチャーにとって有利に働いていく。

新しい球種を覚える意味とは

新しい球種を覚えることで、ピッチングがガラリと変わり、ピッチャーとしての寿命が延びていく可能性もある。

最近の代表例は、巨人の中継ぎとして活躍する山口鉄也投手だろう。2010年の前半戦、先発として投げたこともあったが、それを除けば毎年、巨人のブルペンを支えている鉄腕である。2008年から6年続けて、60試合以上の登板を果たしている。

もともとはストレートとスライダー主体のピッチャーだったが、2012年のシーズンからツーシームを使うようになり、ピッチングの幅が広がった。右バッターでいえば、体に近づいてくる球種だけしかなかったのが、外に逃げる球が加わったことになる。左バッターに対しては、ツーシームは体に近づいてくる軌道のため、アウトコースがより遠くに見える効果がある。

もし、山口投手がストレートとスライダーだけであれば、ここまで長く、中継ぎとして活躍できなかったのではないだろうか。バッター心理を考えると、ツーシームが「邪魔」なのだ。

右バッターは逃げるボールを考えなければならないし、左バッターは踏み込みが甘くなる。バッターに「邪魔」と思わせる球種がひとつでもあれば、それ以外の球種まで生きていくことになるのだ。

KUDO'S CHECK!

バッターにとって邪魔な球種があるか
球種が増えればピッチャーは生まれ変わる

3 各球種の効果的な使い方

球種にはそれぞれ意味がある

カーブ、スライダー、カットボール、ツーシーム、チェンジアップ、シンカー、スクリュー、フォーク、スプリットなど、プロ野球界には多くの球種が存在している。

ここからは、それぞれの球種の意味や、効果的な使い方について紹介しよう。近年、チェンジアップを使うピッチャーが増えているが、その理由はどこにあるのか。また、フォークとスプリットの違いなど、知っているようで知らない球種のあれこれについて考えてみたい。

①カーブ

目線を変える狙いあり

カーブを投げるもっとも大きな意味は、バッターの目線を変えることにある。プロのバッターは低めに狙いを付けておけば、低めのストレートに対応ができ、ボールになるスライダーを見極めることもできる。

このときに曲がりの大きなカーブを投げると、目線はどうなるだろうか。低めを狙っていたバッターの目線が上がり、心理的に高めにも低めにも対応しなければいけない。こうなると、低めだけを狙うわけにはいかなくなる。目線が上がることによって、低めの見極めが甘くなり、ボールになるスライダーにも手を出しやすくなるのだ。

バッターは、目線が変わることを非常に嫌がる。とくに上下の変化だ。人間だれもが、二つの目は横についている。そのため、横の変化にはついていきやすいが、上下の変化は苦手にしている傾向にある。苦手だからこそ、目線を上下に動かされるのがイヤなのだ。

もし、ピッチャーの持ち球にカーブがなければどうなるだろうか。低めに目付けをしておけば、ストレートにも変化球にも対応できるため、バッターとしては攻略しやすいピッチャーとなるのだ。

カーブは落差がポイント

とはいえ、カーブであれば何でもいいというわけでない。やはり、バッターが嫌がるのはブレーキが利いて、落差の大きなカーブである。2008年の日本シリーズで巨人に勝った頃の岸孝之投手（埼玉西武ライオンズ）や、前田健太投手のカーブが光る。一度浮き上がるように見えてから、スッと曲がり落ちてくる。バッターからすれば浮き上がるところで、目線が上に向いてしまうのだ。

では、リリース地点からどのぐらいの落差があるか想像がつくだろうか。

じつは、落差の大きいカーブであっても30センチぐらいだ。テレビで見ると、もっと落ちているように思うかもしれないが、それは錯覚にすぎない。

そして、岸投手、前田投手に共通しているのはしっかりと腕を振って投げられているところだ。カーブはストレートよりも遅いため、腕の振りまで遅くなってしまうピッチャーが多い。

腕がゆるんだ瞬間、バッターは「変化球だな」とわかるもので、それだけで対応することができる。

遅いカーブだからこそ、しっかりと腕を振る。腕を振ることで、バッターに対して一瞬でも「ストレートがくる！」と思わせればいいのだ。

タイミングをずらすカーブ

カーブはストレートとの組み合わせで、バッターのタイミングをずらす球種である。

阪急のエースとして11年連続で二ケた勝利を挙げた星野伸之投手は、130キロ台のストレートと、90キロ台のカーブを武器にしていた。ほかに投げていたのはフォークボールだけである。

90キロ台のカーブがあるため、ときおり投げる130キロ台のストレートがやたらに速く見えたものだ。バッターボックスに立っていたバッターはなおさら速く感じただろう。

だからといって、ストレートに狙いをしぼるのは難しい。ストレートに合わせると、あまりにカーブが遅いため、泳ぎながら打つことになってしまうからだ。自分が打つポイントまで

カーブで目線を変える

ピッチャーの腕の振りが重要

しっかりとストレートと同様に腕を振ってカーブを投げられると、それだけでバッターはタイミングが外される。テレビ中継でこのような空振りを見た場合は、まさにカーブの特長を活かしていると言える。

待ちきれなくなってしまう。このように、カーブがあれば「緩急」を生み出すことができるのだ。

ストレートとスライダーの組み合わせだけでは、「緩球」とは言い難い。たいていのピッチャーは、ストレートが140キロ台であれば、スライダーは130キロ台。10キロ前後の球速差しかないため、バッターはストレート狙いの中でもスライダーを拾うことができるのだ。カーブほどの、時間のずれが生じない。これが110キロほどのカーブになると、ずれが生じてくるわけである。

KUDO'S CHECK!

カーブの球速、曲がり具合が大事
バッターのカーブに対しての反応を見れば、その有効性を確認できる

②スライダー

スライダーの役割とは？

スライダーは「様子見の球種」と表現することができる。

とくに、初球や2球目が効果的だ。右ピッチャー対右バッターのとき、アウトコースにストライクからボールになるスライダーを投げてみる。見逃すタイミングを見れば、ストレートを待っているのか、スライダーを狙っているのか、スライダーよりももっと遅い変化球を待っているのか、あるいはまったく打つ気がないのか、ある程度は判断することができるのだ。

たとえば、踏み込んで打ちにきたうえで、グリップが止まっていたのであれば、次のような判断ができる。

・スライダーを狙っていたが、ボールになったから打つのをやめた。
・ストレート狙いだったが、スライダーだったので打つのをやめた。
・スライダーよりも遅い変化球は狙っていなかった。
・インコースは狙っていなかった。

一般的に考えられるのは、この4種類だ。これを踏まえ、バッターの性格やタイプなどを判断材料に、次の球種を決めていく。1球目を見たことで、狙いを変えるバッターもいれば、変えないバッターもいる。このあたりは駆け引きとなる。第3章の124ページで詳しく説明しているので、そちらを参考にしてほしい。

このスライダーはバッテリーにとって、意図したボール球となる。たとえ、初球で1ボールになったとしても、バッターの狙いを探るためには必要なボール球だ。もちろん、1ストライクを取ったあとに、ボールになるスライダーを使うこともある。

もし、ボールになるべきスライダーがストライクに入ってしまったらどうなるだろうか。右ピッチャー対右バッターでとくに多いのが、外を狙ったスライダーが抜けてしまい、甘く入るケースだ。ヒットを打たれる可能性が高いコースといえるだろう。

KUDO'S CHECK!

ストライクからボールになるスライダーを投げられるか
意図して投げるボール球に意味がある

⑪ 意味のあるスライダー

プロのスライダーは、何センチぐらい曲がっていると思うだろうか。

かつて、スライダーを武器に活躍した元ヤクルトスワローズの伊藤智仁投手は「右バッターの真ん中からアウトコースのボールゾーンまで曲がっていった」と言われたこともある。もちろん、伊藤投手のようによく曲がるスライダーもある。しかし、実際にはボール1個分だ。おおよそ7・4センチ。1個分曲がれば、バットの芯を外すことはできるのだ。

スライダーのポイントは、「途中までストレートと同じ軌道」というところにある。テレビを見ていると、「何でそんなボール球を振るの?」と思うことがあるだろう。右バッターが、右ピッチャーが投じた外のボールになるスライダーを空振りする。見逃せば明らかにボールにもかかわらず、バットが出てしまうのは、途中までストレートに見えているからだ。

なぜ、ストレートだと思うのか。ひとつの要因は、リリースの瞬間にある。手からボールが離れた瞬間に、ストレートと同じようにリリースできていれば、バッターは「ストレート!」と錯覚する可能性が高いのだ。

逆にいえば、ピッチャーが投げた瞬間から「スライダーだな」とわかるようなボールでは、プロのバッターは簡単に対応してしまう。スライダーのキレを見極めるには、ここがひとつの判断材料になるだろう。ストライクからボールになるスライダーを、バッターが振ってくるかどうか。とくに追い込まれたあとに、このスライダーを簡単に見逃されているようでは、空振りを取るほどのキレがないと考えることができる。

高校生に多いのが、スライダーを投げるときにヒジが下がってしまうこと。ストレートを投げたときの角度に比べて、若干低い。これは、スライダーを「曲げよう」とする意識から生まれるものだ。プロのピッチャーにもいるが、バッターに「スライダーを投げますよ」と教えているようなもので、打ち取るのは難しくなる。

また、カーブの話とも通じるが、腕の振りがゆるむことで「スライダーかな?」とバッターに判断材料を与えてしまうことになる。特に3ボール1ストライクや、2ボールなど、ストライクが欲しいカウントで投じるスライダーは要注意だ。変化球のコントロールに自信がないピッチャーは、いわゆる「置きにいった」スライダーを投げてしまい、ガツンと打たれることがある。

ストライクゾーンからボールゾーンへ

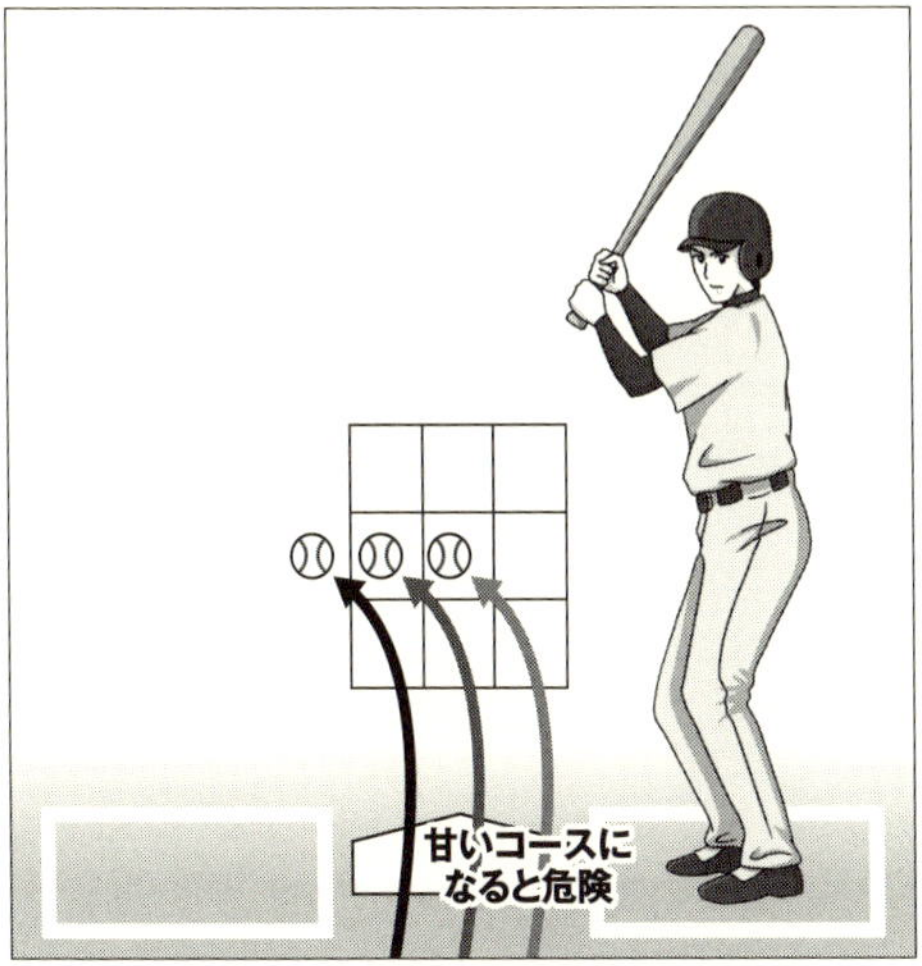

バッターの反応によって、キレがあるかがわかる

ストライクゾーンからボールゾーンへ逃げるスライダーで、バッテリーはバッターの様子を探る。このコースを簡単にバッターに見逃されてしまうと打ち取るのは厳しい。ここでストライクを稼げないと、よりストライクゾーンで勝負せざるを得ないため、甘く入って痛打される危険性が高くなる。

置きにいった変化球では、プロのバッターは容易に打ち返すことができる。たとえ、バッターが変化球を狙っていなくても、だ。腕の振りのゆるみを瞬時に見抜き、対応する技術を持っている。

ボールの軌道だけでなく、投げるフォームもストレートに近づけていかなければ、バッターは振ってくれないわけである。

KUDO'S CHECK!

スライダーのキレをはかる方法は
ストライクからボールになる球を振るかどうか

③チェンジアップ

チェンジアップの有効性

最近のピッチャーは、持ち球にチェンジアップがあることが多い。ひねったり、切ったりする球種ではないため、比較的投げやすい部類に入る。さまざまな握り方があるが、基本的なものは中指と薬指でボールを握り、ボールの側面に人差し指を丸める方法である。人差し指と親指で丸を作るため「サークルチェンジ」と呼ばれることもある。

フォーシームは人差し指と中指を縫い目に対して直角に入れる。これが、チェンジアップでは中指と薬指に変わるわけだ。中指と薬指のほうが力を伝えづらいため、ストレートと同じように腕を振っても、スピードが遅くなる。このズレによって、バッターはタイミングを外されてしまうのだ。

チェンジアップのいいところは、ストライクゾーンの中で勝負ができる点にある。はじめに紹介したようにスライダーはストライクからボールになる軌道で、打者の狙いを探る必要があったが、チェンジアップはわざわざボールにしなくてもいい。ストライクゾーンの低めに投げることで、ある程度の狙いを探ることができる。
たとえば、チェンジアップにまったくタイミングが合わず、ボールがくる前に空振りをした場合は、完全なストレート狙い。ややタイミングがずれていたら、変化球を狙っていた可能性がある。
左右の変化ではなく、ホームベースの前後のスピード差を使って、バッターのタイミングをはかることができるのだ。ファンの方がタイミングまで見るのは難しいかもしれないが、1球目や2球目など早いカウントのうちにチェンジアップを投げていたら、狙い球を探っていると思ってもらっていい。そして、打者がボールがくる前に空振りをしていたら、ストレートを狙っていたということ。1球のチェンジアップで、さまざまなことが見えてくる。

KUDO'S CHECK!

チェンジアップに打者がどんな反応を示すかストレート狙いかがわかる

握りの多さに注目を

いま、プロの世界でキレのいいチェンジアップを投げているのが岸投手、前田健太投手、金子投手、杉内投手あたりだろう。

彼らの特徴はしっかりと低めに投げ込めていることだ。チェンジアップは高めに浮くと、ただスピードの遅い半速球になることが多く、バッターにとって打ちやすい球になる。低めにいけば、球速が遅いだけでなく、重力を受けてスッと沈んでいく。ボールの回転数が少ないため、重力を感じやすいのだ。

最近のテレビ中継は、ハイスピードカメラの精度が上がったこともあり、スーパースローを見られるようになった。リリースの瞬間を見ると、チェンジアップひとつにしてもさまざまな握りがあることがわかる。サークルチェンジが基本にはなるが、一流ピッチャーがそれぞれ工夫を凝らし、自分に合った握りを研究している。

杉内投手のチェンジアップは、中指以外の4本指で包むように握るスタイルだ。中指だけ立てて、ボールから浮かせている。メジャーに入ってから投球割合が上がったように見える田中投手は、人差し指と中指をフォークのときのように広げ、残りの3本指でボールを包み込んでいる。

中には5本指で握って、力いっぱいガッと投げ込むピッチャーもいる。5本で握ると、ボールに回転を加えづらくなるため、自然にボールのスピードが落ちていくのだ。

テレビでスーパースローが映るときは、ピッチャーの手元に注目をしてほしい。チェンジアップの握りは多種多様であることがわかるはずだ。

KUDO'S CHECK!

多種多様な握り方
低めに投じてこそのチェンジアップ

④ツーシーム

ゴロを打たせるための球種

ツーシームは、バッターの手元で小さく変化する球種だ。右ピッチャー対右バッターではインコースに小さく食い込み、右ピッチャー対左バッターではアウトコースに小さく逃げていく。

昔でいえば、シュートに近い。ただ、シュートは最後に手首をひねって投げるピッチャーが多く、ストレートと同じ感覚で投げるツーシームとは少し違うのかもしれない。

リリーフで活躍する西村健太朗投手（読売ジャイアンツ）は、右バッターのインコースに食い込む変化球を得意にしているが、あれはシュート。ひねることで回転をかけている。

内海投手や山口投手はツーシーム。彼らのツーシームは横に曲がるだけでなく、小さく沈んでいるのが特徴だ。軌道としてはシンカーに近い。

主にゲッツーが欲しいとき、ゴロを打たせたいときに使う。バッターの手元で小さく変化することでバットの芯を外し、打球がゴロになりやすい。

ジャイアンツ不動のセットアッパーである山口鉄也投手もツーシームを投げる選手。

クイックを使うと、ストレートのスピードが落ちることはすでに解説したが、このときにストレートの代わりに使いやすいのがツーシームだ。コースと低さだけ間違えなければ、長打を浴びることが少ない球種なので、スピードが落ちる中でもバッターを抑えることができる。

ただし、高めに浮いてしまったら、チェンジアップ同様にただの半速球になりやすい。空気抵抗を受けづらく、さほど変化をしないのだ。チェンジアップもツーシームも、基本は低め。低めに投げられてこそ、生きてくる球種といえる。

KUDO'S CHECK!

ピッチャーによって変化が違う
きっちりと低めに投げられているか

⑤フォーク・スプリット

似ているようで違う握り

フォークとスプリットはどちらも落ちるボール、いわゆるタテ変化のボールだ。空振りを取るためのウイニングショットに使うことが多い。フォークといえば村田兆治投手（元ロッテ・オリオンズ）や野茂英雄投手、佐々木主浩投手（元シアトル・マリナーズなど）、スプリットといえば上原投手や田中投手ら、錚々たる名前が挙がる。三振奪取率が高いピッチャーは、やはり絶対的な武器となる落ちるボールを持っている。

「二つの球種の違いは何ですか？」と聞かれることがあるが、根本的に握りの深さが違う。フォークは人差し指と中指をめいっぱい開いて、ボールの側面を挟む。指が長くなければ、深く挟むことができないため、投げるのは難しい。指の短いぼくは投げられなかった。

深く挟むということはボールの回転数が少なくなり、落差が大きくなる分、ボールが抜けやすいというマイナス面もある。しっかりと決まったときはいいが、うまく投げ切れなかったときは高めに浮いてしまい、落ちが悪くなる。

一方のスプリットは、挟む幅を狭くした球種だ。狭くした分、フォークよりは落差が小さくなるが、高めに抜ける心配は少なくなる。自分でコントロールがしやすい球種といえるだろう。

どちらが難しいかといえば、フォークだ。抜けやすいという心配のほかに、相手に「クセが見破られやすい」という点もある。グラブの中でガッと挟んでしまうと、ボールを入れたグラブが膨らみ、相手に「フォークだな」とばれてしまうのだ。とくに指の短いピッチャーは、グラブの中でクセを出さずに挟むのは難しい。

クセを隠すために、あえてフォークの握りのままグラブの中に入れて、そこからストレートの握りに変えるピッチャーもいる。はじめから指を開いておけば、閉じるのは簡単。でも、閉じたところから開くのは難しい、という考え方である。

どこに投げるかがポイントになる

フォーク・スプリットのポイントは、いかにホームベース上に落とすか、ということになる。キャッチャーの動きに注目してほしい。落ちる系のボールを投げさせるときには、ホームベースの真ん中に構えていることが多い。フォークを投げるときに、インコースの厳しいコースに寄っているキャッチャーはまずいないだろう。

バッターに落ちるボールを振らせるには、「ストライク」と思わせる必要がある。あまりにコーナーギリギリに投げてしまったら、バットを振ってくれないのだ。

ホームベース上にしっかりと投げ切れているか。際どいコースに投げすぎていないか。キャッチャーの構えとともに、チェックしてみてほしい。

ただし、カウントを取るために投げる場合は若干違ってくる。上原投手はスプリットの握りの中で、リリースの瞬間に人差し指に力を入れたり、中指に力を入れたり、ひねったりすることで、スライダー回転にしたり、シュート回転させたりと、器用に操っている。だからこそ、ストレートとスプリットの二つの球種だけで、メジャーでも活躍できているのだ。ボールを

ボストン・レッドソックスのクローザーである上原浩治投手はスプリットの握りの中で落差やコース、曲がり方を自在に操っている。

挟んだうえで、これだけ自在に操れるのはさすがと言える。

テレビで見る機会があれば、ぜひ上原投手のスプリットに注目を。1種類ではなく、複数のスプリットを投げ分けていることがわかるはずだ。

KUDO'S CHECK!

ホームベース上に落せているかコーナーギリギリに投げる必要はない

見逃されたあとの1球に注目

フォークもスプリットも意識的に空振りを奪いにいく球種である。追い込んでから、ストライクからボールになるフォークを投じて、三振を取る。タテ変化を持つピッチャーが理想とする攻めである。

しかし、ホームベース上に投じながらも、バッターが自信を持って見極めるときもある。あたかも、次にフォークがくるのがわかっていたような見送り方。ハーフスイングではなく、平然と見極められると、バッテリーはイヤな感じがするものだ。

「配球を読まれているのか？」

「クセがばれているのか？」

「今日のフォークにはキレがないのか？」

1球の見送りで疑心暗鬼に陥ることもある。

注目してほしいのが、この次に何を投げるかだ。キャッチャーであれば何を投げさせるか。ピッチャー心理としては、低めに落ちるフォークを見極められると、「もう少し、高めに投げよう」と思うものだ。そこをガツンと打たれる可能性もある。

見送られた高さにもう一度、自分のフォークを信じて投げることができるか。もう1球同じ球を投げると、振るバッターもいる。カウント2－2では見送っていたのに、フルカウントになると手が出てしまうバッターもいたりするものだ。カウントによって、バッターの心理は変わっていく。

このようにフォークやスプリットを見逃されたあとの1球に、さまざまな心理を見ることができる。

KUDO'S CHECK!

見逃されたあとの1球に注目
同じ球を続けるか否か

⑥シンカー・スクリュー

右にも左にも投げることで威力発揮

いってしまえば、球種は自己申告の世界である。

たとえば、松井裕樹投手（東北楽天ゴールデンイーグルス）のタテのスライダーは、軌道だけ見ればカーブだ。でも、本人が「スライダー」と言えばスライダー。それが野球の世界である。

シンカーとスクリューにも、同じようなことが言える。同じ左腕でも、高橋尚成投手（横浜ＤｅＮＡベイスターズ）はシンカー、山本昌投手はスクリューと言っているが、軌道自体に大きな差はないように見える。

摂津正投手のシンカーは、バッターはわかっていても手を出しにくい。この球種でストライクを稼がれると、バッター不利のカウントに。

いま、日本球界でシンカーが光るピッチャーといえば摂津正投手(福岡ソフトバンクホークス)だろう。右バッターのヒザ下に抜群のコントロールで投げ込んでくる。ヒジをたたまなければ、バットの芯でとらえられないコースであり、初球から打つにはあまりに難しいため、どうしても見逃すことが多くなるのだ。それによって、ストライク先行で主導権を握られ、バッテリー優位になってしまう。

シンカーもスクリューも、右ピッチャー対右バッター、左ピッチャー対左バッターでは、バッターの体に近づいていく変化をする。インコースに投げることになるため、コントロールに自信がないピッチャーは、「少しでも甘く入れば打たれる」という不安がよぎる。若いピッチャーであれば、デッドボールに対する恐れもあるだろう。

左ピッチャー対左バッターで特に多いのが、「シンカーやスクリューを投げられない」ということだ。右バッターには投げることができるのに、左には投げられない。これによって球種がひとつ減り、的をしぼられやすくなってしまう。左対左でインコースに投げる球種がストレートだけになるため、バッターは外を狙って踏み込むことができるのだ。チェンジアップにも、同じような傾向がある。

左ピッチャーを見るときは、左バッターの体の近くに食い込む変化球を持っているかを見てほしい。チェンジアップでもシュートでもいい。山口鉄也投手のように、ツーシームも効果的だ。ストライクゾーンをいかに広く使うか。インコース、アウトコースをしっかりと使うことで、バッターの目を錯覚させることができるのだ。

KUDO'S CHECK!

体の近いところに投げられるか
ストライクゾーンを広く見せる

第3章
バッターの見極め方

1 バッターも「性格」がプレーにも表れる

バッターの性格が及ぼすこと

ピッチャーの仕事はバッターを打ち取ることである。ピッチャーは打ち取る可能性が高い確率を頭に入れながら、投げるボールを決めている。明らかにストレートしか待っていないバッターに、ど真ん中のストレートを投げ込むピッチャーはほぼいないということだ。

では、どうすればバッターの狙い球がわかるのか。第3章では、バッターの見方について紹介していきたい。

「バッターの情報で一番知りたいことは何ですか？」と聞かれたら、ぼくはこう答える。

「バッターの性格を知りたい」

バットを振るのも振らないのも、すべてはバッター自身の意志によるものである。そこに関わってくるのが性格。バッターの性格を知ることができれば、攻め手が見つかるといっても過言ではない。

たとえば、こんな場面をイメージしてほしい。

①体に近いところへストレートを投げたとき、『こんなところ投げやがって！』とそのインコースを狙ってくるか、腰が引けてしまうか。

②前の打者が敬遠されたとき、『なにくそ！』とファーストストライクから狙ってくるか。『チャンスで回ってきてどうしよう』と……、気持ちが引けてしまうか。

③インコースのストレートで打ち取られた次の打席で、もう一度、ストレートを狙ってくるか。インコースは捨てて、ほかの球を狙うか。

さまざまな場面で、バッターの性格を知るヒントが転がっている。

プロ野球の場合、1試合で終わりではなく、そのあとも勝負が続くため、この性格を知ることがバッター攻略に大きく役立っていくのである。

具体的に「役立つ」とはこういうことだ。

③の事例のように、1打席目にインコースのストレートにつまって、浅い外野フライに打ち取られたとする。ここで、バッターはどんなことを思うだろうか。

性格をいかに読めるかが抑える秘訣

内角をえぐられたあとのバッターの対応に注目

試合で、ピッチャーが内角をえぐった際に、バッターがのけぞるシーンを見たことがあるはずだ。このあとバッターは外角のボールにどう反応するのか。また同じようにインコースに来た際にどのような対応をとるのか。バッターの一つひとつの対応からピッチャーはバッターの性格を読み取り、そこから配球を考えるのだ。

「次の打席は、つまりたくない。ストレートを打ってやる！」と思うのであれば、ミートポイントが前になる。体の近くで打つとグシャと差し込まれてしまうため、打つポイントをピッチャー寄りにしようとするのだ。

この傾向がわかっていれば、バッテリーはインコースのストレートは見せ球にして、外の変化球で勝負する。ポイントを前にしていたら、ストレートよりもスピードが落ちる変化球には対応できないことが多いからだ。

表現を変えれば、「打ち取られた打席を引きずるバッター」とも言える。1打席目に抑えられた攻め方が頭に残るタイプ。バッテリーとしては、インコースで抑えたことをうまく生かしながら、2打席目以降の勝負にのぞむことができる。

KUDO'S CHECK!

バッターの性格をどこで知るか
インコースで打ち取られたあとの次の打席を見る

ピッチャーも性格で動いている

じつは、これはピッチャーにも言える。バッターもピッチャーの性格を知りたいのだ。さきほどの場面とは逆のシーンをイメージしてほしい。自信を持って投げたインコースのストレートを、右バッターに引っ張られ、レフトスタンドへホームラン。さて、次の打席で、どんな攻めをするだろうか。

ぼくは、一番練習していたのがストレートだった。だから、自信もあった。そのボールをホームランにされたとなれば、心中穏やかではない。もう一度、ストレートで攻めていくタイプだった。

でも……、自分の性格や願望だけで投げたい球を決めていたら、ただの自己中心的な人間である。常に考えなければいけないのが、バッターがどんな考えで打席に入り、何を狙っているのか。また、インコースを狙っているのがわかれば、そこにストレートを投げ込むのは、得策ではないわけだ。

個人的には、自分の想いで勝負していい場面と、いけない場面があるように思う。たとえば、6対0で勝っている終盤、ランナーなしで強打者を迎えたとする。そのバッターには、前の試合でインコースをホームランされている。こういう状況であれば、そのときの借りを返すために、1対1の勝負を挑んでもいいだろう。

実際に、ぼくはそういう戦いをしていた。近鉄にいたときの中村紀洋選手（現横浜DeNAベイスターズ）との対戦では、待ち構えていたストレートで勝負したことが何度もある。もちろん、試合がある程度、決まっている場面だ。ストレートを打たれたままでは、やはりピッチャーとしてのプライドが許さない。

点差が開いた場面で、ピッチャーがあえてストレートを投げ込んでいたら、このようなプライドをかけた戦いが行われていると見ていい。これも、プロ野球のひとつの醍醐味といえる。

KUDO'S CHECK!

点差が開いた場面でのストレート勝負を見逃さない

2 バッターの特徴を見分ける方法

バッターにはそれぞれのタイプがある。ピッチャーでいえば持ち球があり、ウイニングショットがあるように、バッターにも特徴があるのだ。

好きなコース・得意なコースはもちろんのこと、積極的に振っていくタイプかじっくり見るタイプか、状況によってバッティングが変わるか……、これらの特徴がわかれば、ピッチャー対バッターの戦いの裏にある駆け引きの一端が見えてくるかもしれない。当然、バッテリーはただやみくもに攻めているわけではなく、バッターの特徴を頭に入れながら、投げるボールを選択しているのだ。それでは、バッターの見分け方を紹介しよう。

①積極的ｏｒじっくり待つ

積極タイプの浅村選手・じっくりタイプの鳥谷選手

ファーストストライクから積極的に振っていくタイプか、ストライクをじっくりと見て、タイミングをはかった中で打っていくタイプか。

積極的な代表格は浅村栄斗選手（埼玉西武ライオンズ）や松田宣浩選手（福岡ソフトバンクホークス）である。ストレートを狙っていたとしても、甘い変化球がきた場合は少々、体勢を崩されながらでも打ちにいく。とにかく、早いカウントで勝負を仕掛けていく。

全員に言えるわけではないが、積極的なタイプは構えたときにグリップや足など、どこか一部分を小刻みに動かしている打者が多い。動から動の意識が強いのだ。どこかを動かしておけば、始動が早くなる。ただし、バットが出やすい状況をあえて作りだしているため、ボールになる変化球にも手を出しやすいという弱点もある。

じっくり見るタイプは鳥谷敬選手（阪神タイガース）や栗山巧選手（埼玉西武ライオンズ）の名があがる。ともに毎年、フォアボールをよく選ぶ選手だ。甘いコースにこない限り、ファーストストライクから積極的に打っていくケースが少ない。

ファーストストライクに対して、どのような反応をしているか。厳しいコースでも振っていくかどうか。このあたりを見ておけば、バッターのアプローチの仕方が何となく見えてくるだろう。

KUDO'S CHECK!
ファーストストライクへの対応をチェック
積極的に振っていくかどうか

ピッチャーから見た攻略法

では、このようなタイプのバッターに対して、どのような攻めが必要になるか。

積極的なタイプには、初球はストライクからボールになる変化球で誘うなど、用心深い攻めが求められる。外国人に対して、「初球のストレートは要注意」と言われることが多いが、それに近いものがあるだろう。

鳥谷選手、栗山選手のようなタイプは、初球からは難しいコースに手を出してこない傾向が

浅村栄斗選手は、積極的なタイプのバッター。初球からどんどん振っていく。

あるため、アウトローにきっちりとストレート、変化球を投げることができれば、まずカウントを取ることはできる。じっくり選ぶタイプには、「いきなり難しいコースでアウトになったらもったいない」という心理が働きやすいのだ。

また、田中投手が使っているような左バッターの外から曲げてくるスライダーなども効果的だ。あまり頭の中にない軌道のため、早いカウントから打ってこようとはしない。こういったボールでもカウントを稼ぐことができる。

ただ、この手のタイプとの対決は追い込んでからが勝負。ファウルで粘ってくるため、ピッチャーには根負けしない強さが必要になってくる。

KUDO'S CHECK!
ピッチャーは初球の入りに注意
ボールもしくはストライクから入るか

「タイプ」は常に変化する

ただ、ここまで紹介したのはあくまでも傾向にすぎない。1年間とおして、積極的に打ち続けているわけではないのだ。どういうことかわかるだろうか？

たとえば、松田選手。ぼくが見ていた限りでは、3年ほど前はあえて初球を見逃していた。バッテリーも「松田は積極的に振ってくる」とわかっているので、先ほどお話しした攻略法のように、ボールになる変化球から入りやすい。松田選手はその攻め方がわかっているので、「じゃあ、見逃しましょう」と考えるわけだ。

そうなると、今度はバッテリーにどんな心理の変化が生まれるか。

「松田は初球を見逃すようになったから、カウントを取れる。ストライクを取っていこう」と考えやすい。そこで、今度は松田選手がファーストストライクを狙い打つ。こんな関係性がずっと続いていくわけだ。騙し合い、化かし合い。現役選手である限り、駆け引きは続いていく。

正直いって、これはずっと見ておかなければわからないこと。それでも、「タイプは変わるもの」とわかっているだけでも、見るほうは面白くなるはずだ。松田選手が初球の甘いストライクを見逃した場合、「今の甘いんだから打てよ！」と思うか、「今はタイプを変えて待っていたのか？　あえて見逃したのかな？」と想像するだけでも、野球を見る深さが変わっていくだろう。

KUDO'S CHECK!

「タイプ」が変わることを知っておく
ファーストストライクの対応に違いが生まれる

自分がどう見られているのか

この松田選手の事例から学べるのは、「自分自身が、相手バッテリーにどう見られているのか」ということである。

松田選手は「積極的なタイプ」と見られていることを知っている。だからこそ、それを逆手にとって、「初球を振らない」との選択肢が生まれてきたわけだ。

これはピッチャーにも言えることだ。「追いこんだらフォーク」のイメージが強いピッチャーの場合、バッターの頭の中には「フォークがくるぞ」と考えが芽生える。そこでズドンとストレートを投げ込むと、なかなか反応できないものである。

自分がどう見られているのかがわかれば、相手の裏を突いて勝負することができるということ。もっと基本的なことをいえば、「自分を知る」。自分自身のことを知らなければ、相手と勝負することはできない。

これは野球にかぎらず、ビジネスでも人生でも活きてきそうな話である。自分の武器、特徴は何か。自分を知っている人間は強い。

自分の好きなコースにボールが来れば、積極的に打つ長谷川勇也選手。

②好きなコースはどこか

バッターには必ず好きなコースが存在する

これは、自分がもっともバットを出しやすいコースと考えてもいいだろう。

早いカウントから振っているコースを見ると、何となくわかるものだ。わかりやすくいえば、初球からインコース低めを振っていたら、このあたりが好きなコースだと想像がつく。高めのボール気味のストレートを強振していたら、「高めが好きなんだろうな」という具合に、バッターの好きなコースを探っていく。

たとえば、2013年にパ・リーグの最多安打と首位打者を獲得し、バットコントロールに定評のある長谷川勇也選手（福岡ソフトバンクホークス）は真ん中から内側に入ってくるボールが好きなタイプ。初球からでも手を出してくる。この入ってくるボールに長谷川選手はめっぽう強い。引っ張ることもできるし、逆方向に詰まりながらも外野の前に落とすことができる。これが高打率を保っている所以だろう。

長谷川選手の打席を見るときは、内側のボールにどう反応しているかをぜひ注目してほしい。得意なコースであることが、見えてくるはずだ。

KUDO'S CHECK!
早いカウントから手を出すコースはどこか
好きなコースが見えてくる

好きなコースの近くを攻める

長谷川選手が真ん中から内側に強さがあるからといって、外ばかり攻めていたら、攻略することはできない。「おれには内側は投げてこない」とばれてしまい、しっかりと踏み込んでくるからだ。

では、どのような攻めをすればいいか。

それは、好きなコースの近くを攻めることだ。インコースのベルト付近が好きであれば、ボール1個下のインロー、ボール1個上のインハイに弱さがあることが多い。そして、そのあたりが好きだからこそ、バットを出してくるのだ。これによって、ファウルを取れたり、空振

バッターの好きなコース付近を攻める

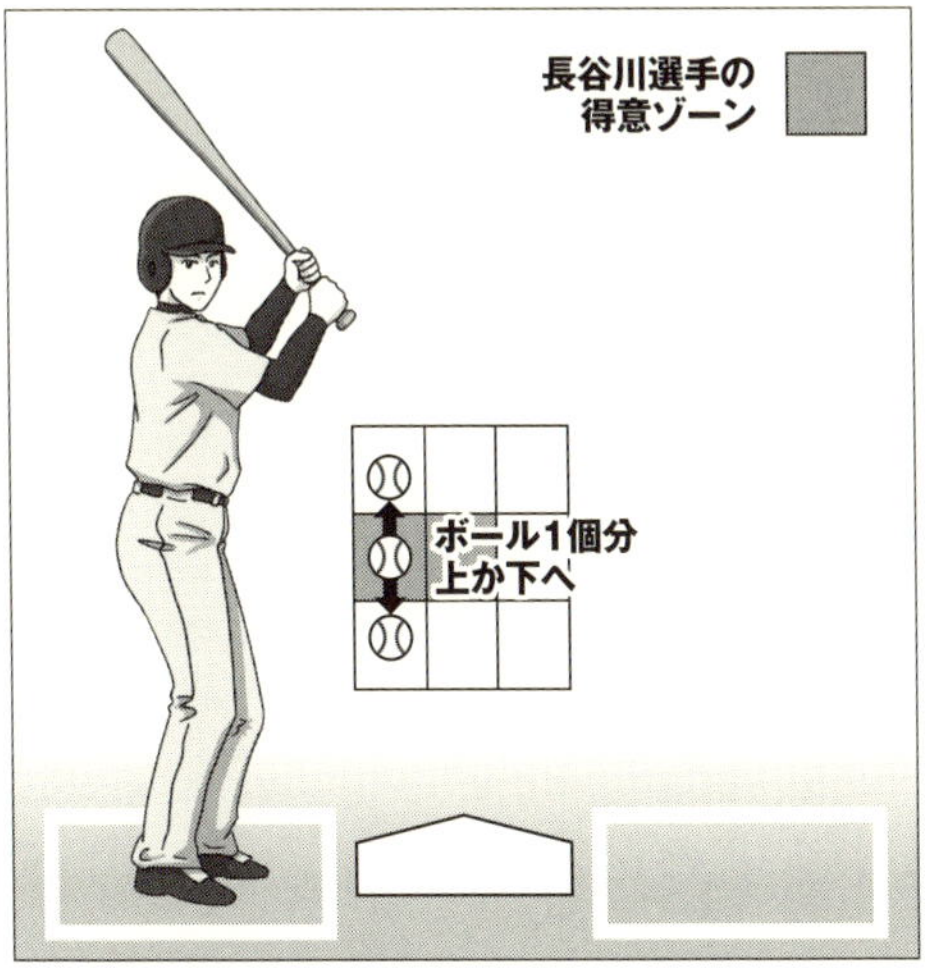

ボール1個分の「ズレ」が重要

バッターが好きなコースにボールがいけば、間違いなく手を出してくれる。しかし好きなコースなだけにヒットを許す確率は極めて高い。そこで好きなコースより、上下に散らすことで凡打を誘う。

りを奪えることがある。もちろん、フェアグラウンドに飛んでの凡打もある。好きなコースからスッと落ちたり、グッと曲がる変化球は特に有効的だ。

ただし、そこに投げ切れるコントロールがなければ、バッターの餌食になるだけ。すでに何度も述べているが、ストライクゾーンに投じるコントロールだけでなく、ボールからストライク、ストライクからボールになるコントロールがなければ、やはりプロで活躍するのは難しいことになる。

KUDO'S CHECK!

好きなコースの近くをどれだけ攻めているか

ネクストサークルでわかること

ピッチャーとバッターの戦いは打席に入る前のネクストサークルからすでに始まっている。たいてい、自分が好きなコースを振っていることが多いのだ。とくに若手は無意識に振っていることが多いため、自らのクセがそのスイングに出やすいといえる。

現役時代、好調時のぼくはバッターに投げながらも、周辺視野でネクストサークルの動きまで見ることができていた。たとえばカーブを投げたときに、ステップした前足で止まり、タメを作ってスイングしていたとしたら、「あ、カーブを狙っているんだな」とわかるのだ。そんなバッターには初球、ストレートやスライダーで攻めていく。

ただし、ベテランになるほど、あえてタイミングを合わせようとしないことも多い。もうピッチャーとは何度も対戦してきているので、タイミングはわかっているのだろう。自分の形や動きだけを確認している。

応援している選手が、ネクストでどんな動きをしているのか。選手それぞれにルーティンがあることも多いため、それを見ているだけでもさまざまな発見があるだろう。

KUDO'S CHECK!
ネクストでの素振りをチェック
好きな選手の動きを確認してみよう

写真：時事通信

小さな変化をする球種を武器にするピッチャーが増えてきている。その対策としてバッターは、ポイントを近くにして、できるだけ体の近くでボールをとらえようとする。井口資仁選手もポイントが近いバッターの一人。

③ポイントが近いかｏｒ遠いか

小さな変化球に対応するスタイル

近年、ツーシームやカットボール、チェンジアップなど、小さな変化で攻めてくるピッチャーが増えている。バッターがこの攻めに対応するには、できるだけ体の近くでボールをとらえることが大事になる。両ヒジを曲げたまま、ヘソの前あたりでミートするイメージだ。実際は、もう少しピッチャー寄りでとらえていることが多いが、意識は体の近くにある。

ポイントが近いバッターで、見ていてわかりやすいのが井口資仁選手(千葉ロッテマリーンズ)。岡田幸文選手(千葉ロッテマリーンズ)ら、足が速い左バッターもポイントを近くにして、逆方向に転がそうとする意識が強い。

ポイントを近くにすると、ストレートに差し込まれるケースも増えてくる。その分、変化球も手元まで呼び込んで打てるメリットもあるのだが、長年、この打ち方をしていると、「詰まり症」と言って、親指の根元がぷっくりと腫れ上がってしまうのだ。右打ちであれば右手、左打ちであれば左手が腫れる。最近のバッターは、親指の根元にクッションが入ったサポーターを巻いていることがあるが、詰まり症を防ぐためのものである。

右投右打の選手は、右手が腫れることによって、送球にも影響を及ぼしてしまう。また、1度の打席でも、ストレートに詰まったときなどは右手にしびれが残ることがある。

ピッチャーが点差が開いたときに、簡単に三振して戻ってくるのは、このあたりのことも影響している。「しっかり打てよ！」と思うかもしれないが、右投右打・左投左打の選手は詰まることで、ピッチングにも影響が出てしまう恐れがあるのだ。やはり、本職はピッチャー。最近はバッティングが好きな若手ピッチャーも多いが、バットを振ることでのリスクも少なからずあるということになる。

ポイントが前にある長距離バッター

中村剛也選手（埼玉西武ライオンズ）のようなホームランバッターは、ポイントが前にあるタイプが多い。前といっても、1メートルも前ではなく、ボール1個分ぐらいの感覚だ。どちらがいい悪いではなく、バッターのタイプと考えたほうがいいだろう。

球場観戦の際、横から見るとポイントの違いがわかってくる。左バッターなら三塁側ベン

中村剛也選手は、ポイントが前にあるタイプ。バッターのポイントの違いは、テレビ中継で横からのカメラアングルの際に確認できる。

チの上、右バッターなら一塁側方向から見てほしい。

長谷川選手もポイントが近い選手のひとりだが、三塁側方向へのファウルが多い。体の近くまで引き付けて、引き付けて、その場でクルッと回るイメージで打っている。

球場で見ていると、「この選手、ファウルが多いなぁ」と感じることはないだろうか。ファウルボールが欲しい、ちびっこたちの中には、「この選手はここにファウルが飛んできやすい！」と傾向までわかっているかもしれない。逆方向に何球もファウルを打つ選手は、間違いなくポイントが近いと考えていい。バッターがどの方向にファウルを打っているのか注目してほしい。

KUDO'S CHECK!

ファウルの方向でわかること
逆方向へのファウルはポイントが近い証

3 状況によって変わるバッティング

1アウト三塁と2アウト三塁では狙い球が変わる

第4章でも紹介するが、「状況」によってバッティングは変わっていく。ランナーなしの場面と、ランナーが三塁にいる場面では、バッターの心理はまったく違うということだ。それによって狙い球も変わってくる。

これが1アウト三塁か、2アウト三塁かによっても違う。1アウトであれば犠牲フライで1点が入るが、2アウトの場合は外野フライでチェンジ。ヒットを打つしか、得点が入らない。

そうなると、1アウト三塁でバッターが考えるのは「いかに外野フライを打つか」「外野までフライを飛ばしやすいコース、球種は何か」ということである。

狙い球のセオリーとしては低めよりも高め、インコースよりもアウトコースだ。高めに浮いた球は、少々ボール球でも打ちにいく。とくに大事な1点となれば、ヒットを打つことよりも、求められるのは犠牲フライだ。そんなときはヒットを打ちたい気持ちを捨てて、犠牲フライに価値を求めていく。

にもかかわらず、1アウト三塁で低めのボールになる変化球に手を出していたら、首脳陣からすると「状況がわかっているのかな?」ということになりかねない。バッティングというのは、ただ気持ちよくスイングすればいいわけではなく、「得点を取るためにはどうしたらいいか」をチーム全体で考えなければいけないのだ。一人ひとりがそこを考えるからこそ、打線が「線」としてつながっていく。

KUDO'S CHECK!

犠牲フライが必要場面でのバッティング
高めを逃さずに打っているか

犠牲フライのシーンでのバッターの対応

アウトコース高めのボールに手を出しているか

外野にフライを打つことをまず考えると、インコースよりもアウトコース。そして低めより高めのコースに照準を絞る。逆にいうとバッテリーはこのコースを避けつつ、低めの変化球でゴロに打ち取ることができるかがポイントとなる。

得点圏でのボールの待ち方

1アウト満塁で打席には阿部慎之助選手（読売ジャイアンツ）。ピッチャーのタイプにもよるが、初球から甘いストレートがくる可能性は低い。あるとすれば、インコースの見せ球か、外の変化球、あるいはいきなり勝負球のフォークだろう。

阿部選手ぐらいの経験があれば、このぐらいのことはわかって打席に入っている。ランナーがいないときよりも、チャンスのときのほうが配球を読みやすいといえるのだ。初球、左対左でボールになるスライダーを見極められれば、1ボール。バッテリーは2ボールにはしたくないため、阿部選手ががぜん有利の展開となる。

ごくたまに、チャンスでど真ん中のストレートを見逃す打者を見ないだろうか。これは、「おれにはそんな甘い球はこないだろう」と予測していたため、打つ準備ができていなかったと判断できる。ファンからしたら「何で打たないんだよ！」と思うかもしれないが、こういう心理戦があることを頭に入れておいてほしい。

ドロンとしたカーブにも同じことが言えて、バッテリーからすると、ランナーがいるときにゆるい球はなかなか投げづらい。裏を返せば、バッターも「カーブはないだろう」と思っている節があるのだ。ストレートやカーブで1ストライクが取れれば、今度はバッテリー有利となる。

バッターにとってのチャンス、バッテリーにとってのピンチの場面で、初球にどんな入りをするか。ここに注目するだけでも、それぞれの心理がわかって面白いだろう。

KUDO'S CHECK!
チャンスの場面で打者が考えること「甘いコースには投げてこない」という読み

決め球を狙って打つ!

あえて、「決め球を狙って打つ」バッターもいる。

それも右記で説明したような、得点圏でのチャンスの場面だ。とくに1点入ったら試合が決するという場面で、バッテリーがまず考えることは「悔いを残したくない」。必然的に、自分が得意とするボールで勝負しにいくことが多い。

わかりやすく言えば、上原投手の場合はスプリット、スプリットで攻めていく。バッターもわかっているので、スプリットを狙いにいくが、上原投手のスプリットはシュート回転したりスライド回転したり、1球1球変化が違うのでなかなか仕留めにくい。

もし、初球から低めのスプリットをガツンととらえるようなことがあれば、間違いなく狙っていた球。「おれには決め球から入ってくる」という確信がなければ、狙うのは難しいものである。初球の入り、そして初球の対応という点で、ここに注目して見るのもいいだろう。

ここで、自信を持って投げられる球種が三つも四つもあると、バッテリー有利となる。つまり、決め球がひとつだけではないということ。すでに述べているように、信頼できる球種が多ければ多いほど、ピッチャーは自分の身を助けることができるわけだ。

KUDO'S CHECK!

初球から投じる決め球にバッターがどう反応するか

4 調子の良し悪しの見極め方

バッターは調子の波があって当然

ピッチャーもバッターも、年間とおして調子がいいということはまずありえない。4月の月間打率が4割でも、5月に入ると月間打率が2割に落ち込んだりと、時期によって波があるものだ。試合を重ねることの疲れで、フォームが崩れることもあれば、バッテリーの攻め方が変わったことによって、バッティングに迷いが生まれることもある。バッテリーも、いつも同じように打たれるわけにはいかないのだ。

では、ピッチャーはバッターの調子の良し悪しをどこで見極めているのか。実際、その日の1打席にヒット1本生まれると、それまでの不調がウソだったかのように調子が戻ってくるバッターもいるため、一概に「こうだから調子が悪い」とは言いづらいのだが……。

ピッチャーにとって、一番怖いのは、バッターにフルスイングされることだ。たとえ、空振りをしたとしても、「バットに当たったらやられるな」という恐怖心が生まれる。それによって、「失投してはいけない」と余計な心理が働き、腕が振れなくなったり、コントロールが乱れてしまうのだ。

ゴールデンルーキーとして話題を呼んだ松井裕樹投手。4月、5月は先発のチャンスをもらうも、コントロールに苦しみ、なかなか安定したピッチングができなかった。それでもファームでは5月31日の西武戦で6回15奪三振の快投を披露。スライダー、チェンジアップのキレは、高卒1年目とは思えぬすごさがある。

なぜ、1軍ではコントロールが荒れてしまうのか。それは、相手のフルスイングを見ることによって「甘いところにいったら打たれるな」という怖さが先行してしまうからだ。ファームでは自信を持って投げることができるが、まだ1軍レベルではそうはいかない。1軍でもファームと同様に投げられるようになれば、おのずと結果もついてくるだろう。

ただ、バッターも常に自分のスイングができるわけではない。調子が落ちていくと、「ボールをしっかりと見よう」という意識が働き、逆にボールを見過ぎてしまうのだ。見過ぎることで、バットの出が遅くなり、ストレートに差し込まれることが増えていく。また、見ようとすることで、背中が丸まり、ボールとの距離が近くなるバッターもいる。こうなると当然、本来のスイングはできなくなってしまう。

「ボールを見る」のはバッターの基本中の基本。しかし、バットでボールをとらえているときは、軌道を予測して打っているものだ。過剰に「見よう」とすると、バッティングに悪影響を及ぼすことになる。

ファンの方が「バットが出ない」という観点で、バッターをチェックするのは正直難しいかもしれない。ただ、甘いストレートを簡単に見逃したり、打ち損じたりしている場合は、決して調子がいい状態とはいえないだろう。

KUDO'S CHECK!

**バットを振れるかどうか
甘い球への対応に調子の良し悪しが出る**

直近の凡打パターンを知っておく

現役時代、先発でマウンドにあがる際、対戦チームの直近のデータはしっかりと見ていた。ただし、常に工藤公康が投げているわけではないので、あくまでも参考程度。実際に同じ球種を投げるわけではないし、たとえスライダーであってもピッチャーによって曲がり方もスピードも違うからだ。

確認しておきたかったのは、「どんなボールで抑えられているのか」である。ストレート、ストレートで追い込まれて、最後に変化球で打ち取られているのか。内角ストレートをファウルしたあと、落ちる球で終わっているのか。あるいは、緩い球で追い込まれて、最後に速い球なのか。抑えられたときのパターンを覚えておくのだ。まるっきり同じように攻めるわけではないが、配球のパターンとしてひとつのヒントになることはある。

毎試合見ることは難しいかもしれないが、バッターが同じパターンで打ち取られる打席が続いていたら、これも調子が良いとはいえないと見ることができる。

KUDO'S CHECK!

凡打のパターンを知る

同じパターンでアウトになっているかどうか

5 バッティングフォームからわかること

前足の位置に注目

バッティングフォームによって、どの球を狙っているのか判別することもできる。バッターにもっとも近いキャッチャーが見ているのは、前足のステップだ。プロのキャッチャーは捕球しながらも、ぼんやりと前足の動きを追っている。ボールに集中しているだけでは、バッターの細かな動きを見逃してしまうことになるのだ。

右バッターがアウトコースを狙っている場合、ボールにより近づこうとするために前足をクロス気味に踏み込むことが多い。前足をクロスに踏み込むということは、前肩、つまり右バッターの左肩も内側に入りやすい。

わずかな違いのため、テレビで見極めるのは難しいかもしれないが、このような傾向があることを知っておくと、バッターの狙い球が何となく見えてくるだろう。

KUDO'S CHECK!
前足をどこに踏み出すか
狙うコースで位置が変わっていく

バットの軌道に注目

宮本慎也選手（元東京ヤクルトスワローズ）や井端弘和選手（読売ジャイアンツ）など、右打ちの職人ともいえるバッターにはひとつの傾向がある。構えたところから、グリップが先に出ていき、ヘッドが体の後ろに残った状態で打ちにいっていることだ。この打ち方ができなければ、逆方向に打つことはまずできない。

グリップから打ち出すのはバッターの基本といえる動作だが、引っ張る意識が強すぎると、バットのヘッドが先に出ていき、グリップを追い越してしまう。こうなると、右ピッチャーの外のスライダーを引っかけて、サードゴロやショートゴロになりやすいのだ。いわゆる、ヘッドがかえった状態ともいえる。

流し打ちのときは前足に注目

逆方向狙いの場合は、クロス気味に前足を踏み込む

イラストのように、逆方向への意識が強いと前足をクロス気味に踏み込む場合は多いので、打ち終わるとこのような形になっている場合が多い。井端選手や内川選手、嶋選手のような逆方向へのバッティングが上手な選手が打席に入った際は、この足の形にも注目してほしい。

かつて、村田修一選手（読売ジャイアンツ）がこのタイプだった。ヘッドが先に出ていくため、変化球を引っかけてしまう。そこで、彼が取り組んだのは追い込まれたあとに、センターから逆方向に意識を持つことだった。センターから逆方向へ打とうとすれば、グリップから先に出ていく軌道になりやすいのだ。

この村田選手のように、追い込まれたあとにバットの軌道が変わる選手もいる。軌道というよりは、打つ方向を変えているとと表現したほうがいいかもしれない。長野久義選手（読売ジャイアンツ）もこのタイプで、追い込まれると逆方向への打球が増えていく。

KUDO'S CHECK!
バットのグリップから出ているか
追い込まれると軌道が変わることもある

流し打ちのときはグリップが先

ヘッドは体の後ろに残っている

イラストのように、逆方向への打球を打つためには、バットのグリップが先に出ていき、ヘッドが体の後ろ側に残った状態でない不可能だ。テレビ中継でヒットを打った後には横からのカメラングルかつスローモーションでフォームが映し出されるときがある。このときに、グリップとヘッドの位置関係を確認してほしい。ヘッドが先に出ると変化球などを引っかけやすい。

6 ファウルを楽しむ方法

ファウルからわかること

1試合通じて、1球もファウルがない試合などありえないだろう。ファウルというのは、バッターが振ったことによって起こった結果だ。このファウルを見たうえで、バッテリーは次の1球を決めているのだ。よって、お客さんもファウルを楽しめるようになれば、野球の観方も変わっていくように思う。

現役時代、いやなファウルがあった。芯でとらえられた一塁線・三塁線・ポール際のファウルだ。フェアゾーンの90度の近くにいい当たりを飛ばされると、やはり気持ちよくはない。このファウルを見て、バッテリーが考えることは「今の球種・コースにはタイミングが合っている。同じ球は続けられない」ということ。わかりやすくいえば、右バッターの体の近くに入ってくるスライダーを引っ張られて、三塁線にファウルを打たれたとする。もう、そのスライダーは投げずに、ほかの球種を選ぶということだ。もし、スライダーを投げるにしても外のボールゾーンから入れてくる軌道に変える。

ただ、ここでもやはり関わってくるのがバッターの性格だ。「インコースにはもうこないだろう」と踏み込んで外を狙ってくるバッターもいれば、何も考えずに次の1球にのぞむバッターもいる。このあたりの見極めをしておかなければいけない。

いい当たりのファウルが飛んだあとに、バッテリーがどんな攻めをするか。球種・コースを変えるか、あるいは変えずに勝負するか。この駆け引きをぜひ楽しんでほしい。

KUDO'S CHECK!

ファウルのあとの1球
球種・コースを変えるか

ファウルの方向からタイミングを見極める

バッターのポイントが体の近くか、ピッチャー寄りかもあるため一概には言いきれないが、右バッターがストレートを一塁ベンチ方向にファウルした場合は、「ストレートに遅れている」と考えていい。あるいは右への意識が強いのか。さらにいえば、ストレートに遅れているということは、「変化球を狙っているのかな?」と推測することもできる。

同じ打席でストレートを続けたとき、一塁ベンチ方向へのファウルが、次は一塁ベースコーチのほうに飛び、次は一塁線に飛び……となると、ストレートに合ってきていると判断することが可能だ。わかりやすくいえば、いかにフェアゾーンに近づいてきているか。

ただ、バッターからすればストレートに合わせるために、タイミングを早く取っている可能性もある。ここで、スピード差のある変化球を投げると、引っかけたゴロや空振りになるケースが出てくるわけだ。スコアブック上はただのファウル。ただ、そのファウルがどういう質かによって、意味合いはまったく変わってくる。

KUDO'S CHECK!

ファウルの方向をチェック
フェアゾーンに近づいてきたあとの配球に注目

第4章
状況の見極め方

1 状況を見極めたピッチング術

ピッチャーに求められる「状況」を読む力

第1章につながる表現を使えば、「負けないピッチャー」は状況を読む力を備えている。

ピッチャーが、すべてのバッターを完璧に抑えるのはほぼ不可能に近い。ましてや先発が常に100パーセントの全力投球を9回まで続けるのは不可能だ。試合における「状況」を見極めながら、強弱をつけたピッチングをしているのだ。

イニング、アウトカウント、打順、ランナーの状況、得点差など、いくつもの複合的な要素がからみあい、ピッチャーはバッターと対峙している。

第4章では、このあたりの状況について詳しく解説していきたい。状況が変わることによって、ピッチャーは何を考え、ピッチングがどう変わっていくか。対バッターに集中しているだけでは、勝利にむすびつくピッチングはできない。

[ケース1]1回裏　2対0リード　2アウト一塁から4番に同点2ランを打たれる
8回裏　2対0リード　2アウト一塁から4番に同点2ランを打たれる

絶対に打たれてはいけないホームラン

まず、二つのシーンをイメージしてほしい。どちらも同じ、4番に浴びた同点2ランホームラン。ひとつ違うのはイニングだ。1回と8回。「状況を見極める」とは、こういうことである。

ピッチャーにとっても、チームにとっても、ショックが大きいのは8回裏の同点打だ。「勝利」が見えてきたところで、試合は一気に振り出しに戻ってしまう。ヒットであれば2アウト一、二塁、次のバッターとの勝負、あるいはリリーフを投入するなど、いくつかの策を考えることができる。しかし、ホームランだけはどうにも防ぎようがない。この場面で絶対に打たれてはいけないのが、ホームランといえるのだ。

たとえば、インローにツボがある右打者が打席にいたとする。8回に対峙するときは、インコースに攻めるのなら絶対にボール球、基本的には外の出し入れで攻めていく。ヒットを打

2点リードでも回によって攻め方は変わる

1回裏

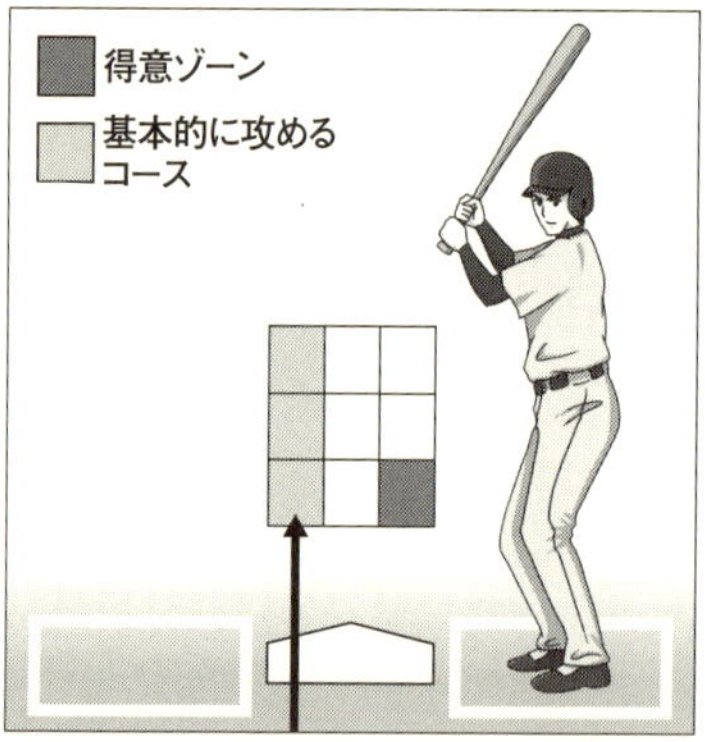

8回裏

インコースの使い方に大きな違いがある

たとえば、インコースに強い4番バッターと対戦したとする。この場合、序盤ではあえてインコースを攻めるという選択肢もある。得意なインコースを避けて外角ばかり攻めていると逆にバッターに安心して踏み込まれて打たれる危険性もある。一方で終盤の場面で同じバッターを迎えた場合は、外角中心の配球でホームランだけは避ける。思い切り踏み込まれて打たれないためにも、それまでの打席でインコ―スを見せておくことも方法のひとつだ。

たれとしても、一、二塁か一、三塁。まだ失点したわけではない。

これが、初回ならどうか。2点リードをもらった精神的余裕もある。インローが強いことがわかっていても、そこに攻めていく方法も間違いではないのだ。もし、ここで打ち取ることができれば、バッターは「今度こそ打ってやろう」という気持ちになりやすい。バッテリーはその気持ちを逆手にとりながら、2打席目以降に攻めていくことができるのだ。つまり、その1試合はバッテリーが精神的優位な立場で戦えるわけである。

バッターは打ち取られると、そのイメージが残りやすい。たとえばアウトコースで打ち取られると、次の打席は外への意識が強くなる傾向にある。そうなると、内側の攻めが有効になりやすい。

「打たれていい」とまでは言わないが、ホームランはホームランでも打たれる状況によって、大きな違いがあるということ。「序盤と終盤ではバッテリーの攻め方が違うんだ」ということがわかっておくだけでも、面白く野球を見ることができるはずだ。

KUDO'S CHECK!

イニングによって変わる攻め方　得意なコースへの攻め方に注目

［ケース2］8回裏1点リード　2アウト二塁　打席に4番打者

どのバッターと勝負をするか

これはよく見るケースである。タイムをかけてコーチがマウンドに駆けつけ、バッテリーと内野手が集まる。4番と勝負をするのか、あるいは5番と勝負するのか。本当に1点勝負であれば、次の6番打者、もしくは代打のことまで考えて攻めてもいい。2アウト一、二塁でも満塁でも、抑えればゼロはゼロだ。

ベンチからの指示で「歩かせろ」ということもあれば、「ピッチャーが決めていい」ということもあった。4番と5番、どちらのほうが投げやすいか。これまでの相性やバッターの調

4番と対戦する前、マウンドに集まるシーンを目にすることがある。この間にチーム、そしてバッテリーの意思統一を図る。

子、そして今日の3打席なり4打席戦ってみての感触もある。

それだけに、「このときは4番を歩かせる」とは一概に言いづらいのだが、ひとつ言えるのは「絶対に4番と勝負しなくてはいけない場面ではない」ということだ。「歩かせるのがイヤだ」と真っ向勝負を挑むピッチャーがいたとしたら、プロのピッチャーとしては考え方が甘い。どちらのほうが抑えやすいか、その確率をしっかりと考えなければいけない場面である。

4番と勝負すると決めたとしても、心の中では4番、5番、6番のうちひとりアウトを取ればオッケー。4番には「振ってくれたらもうけもの」の気持ちで、攻めていくことが多い。そこで求められるのがやはりコントロールとなる。右対右でキャッチャーは外のボールになるスライダーで様子を見ようと思っていても、それが甘く入ってしまえば、その狙いは崩れてしまう。いかに、意図を持ったボール球を使うことができるか。本当の意味でのコントロールが求められる。

絶対にやってはいけないのが、勝負を急ぐこと。つまり、ストライクを揃えてしまうことだ。「抑えたい」と思えば思うほど、ピッチャーはストライクゾーンに投球が集まる生き物。そうではなく、ピンチの場面こそボール球をしっかりと使い、バッターの狙いを探っていきたい。

KUDO'S CHECK!
ボール球を使った投球ができるか
勝負を急がないこと

「敬遠」する場合の注意点

このとき、はじめから「4番とは勝負をしない」と決めていても、最近は明らかな敬遠策が減ってきたように感じる。キャッチャーが立った状態での敬遠は、次に控える5番打者としては心中穏やかではないのだ。バッテリーは、5番打者の心にわざわざ火をつけることはない。キャッチャーはあえて立たずに、座った状態のままアウトコースのボールゾーンに放らせることが多い。

ひいきのチームが明らかな敬遠をしていたら、「おいおい、次のバッターが燃えちゃうぞ」と思いながら見てみるのもいいだろう。ただ、あえて燃えさせておいて、うまくボール球を使ってバットを振らせるという攻め方もある。このあたりの駆け引きが面白い。

「くさいところで勝負」とした場合でも、2ボールになったときは、勝負を避けるバッテリーがほとんど。初球がボールになった場合は、次の1球が勝負するかどうかの分岐点といえるだろう。このときも、キャッチャーは立たないことが多い。

ピッチャー心理としても、立ちあがったキャッチャーにボール球を4球投じたあと、次のバッターと勝負するのは何となくイヤなものである。敬遠球を投げる練習まではしていないため、フォームのメカニズムが崩れてしまうことがあるのだ。

一方でバッター心理を考えると、敬遠を見たあとに「チャンスで回ってきてしまった。どうしよう……」と、弱気になってしまう選手もいる。すでに紹介したように、このようなときにバッターの性格が関わってくるのだ。だからこそ、バッテリーはバッターの性格を知っておきたい。

KUDO'S CHECK!

敬遠の仕方に注目
明らかな敬遠はリスクあり

［ケース3］7回表8点リード　2アウト一塁　3打数0安打で迎えた主軸への配球

対戦成績を考えたうえでの配球がある

正直いって、ここで打たれても試合の大勢にはさほど大きな影響がない場面である。

基本的には、これまで抑えてきた3打席に近い配球で勝負を挑む。結果として抑えているのであれば、あえて違う配球は見せない。似たような配球を読まれて打たれたとしても、それは仕方ないと割り切っておくのだ。

なぜならば、現役でいる限り、ピッチャー対バッターの戦いは続く。対戦回数が増えれば増えるほど、きつねとたぬきの化かし合い、読みあいになっていくものだ。

であれば、点差が開いている場面で、なおかつその試合で抑えているとなれば、新しい攻め方は見せずに勝負する。

極端な言い方をすれば、ひとつの球種・コースで抑えることができるのなら、その球だけで攻めていけばいいのだ。二つの球種・コースが必要となれば、二つにする。三つ目の球種・コースは終盤のピンチの場面で取っておく。バッテリーは常にこのような考えを持っている。

わかりやすくいえば、初回から自分が持っているすべてを出してしまったら、相手にとって怖さを与えることができない。中盤、終盤にいくにつれて、新しい球種を使ったり、違うパターンの配球を見せると、「まだこんな引き出しもあったのか」と、相手を迷わすことが可能となる。

もし、初回の1番バッターから見ることができれば、1打席目・2打席目・3打席目と、打席が増えるごとに配球が変わるのか、あるいは変わっていないのか、このあたりを見ておくと、駆け引きの楽しさがわかってくるはずだ。ファーストストライクをストレートで取っているのか、それとも変化球か。インコースを使うタイミングはどこかなど、自分なりにテーマを持っておくと、より深く見ることができるだろう。

KUDO'S CHECK!

打ち取っている打者への配球
従来通りか新しい攻め方か

すべてを見せるのはいいバッターの証拠

バッターの見方につながる話だが、バッテリーがさまざまな球種・コースを使って攻めているときは、「打ち取りにくいバッター」と力を認めている証拠となる。

具体的にいえば、①左右の攻め②高低の攻め③前後の攻めまで使っていること。この三つを軸と考えたとき、バッターに対して①だけの攻めか、あるいは②と③まで駆使して、抑えようとしているかどうか。このあたりを見ておくだけでも、バッターの力量が見えてくるものである。

【ケース4】8回裏同点　1アウト満塁で主軸

安易な攻めは禁物

バッテリーが最初に考えることは、「何を狙っているか」である。ヒットでも犠牲フライでも、チームにとっては手痛い1点となる。ストライクゾーンに、安易にストレートは投げづらい場面である。

外に逃げる変化球か、低めに落とすフォークかチェンジアップ、あるいはバッターの近くへのストレート。セオリーで考えられる球種・コースはこの三つだろう。明らかなボールではなく、バットを出したくなるコースに投げなければ意味はない。

そこでボール球に対する見逃し方、踏み出し足のステップ、タイミングなどを見て、次の1球を決めていく。ボール球はバットに当たったとしてもヒットになりにくいゾーンである。強引に打ちにきてくれたら、バッテリーとしてはもうけものだ。

ただし、バッターの章でも述べたとおり、バッターもこのようなバッテリー心理はわかっている。わかっている中で、バッテリー対バッターの駆け引きが行われているわけである。

ピンチでの初球、バッテリーがどのような入りをしてくるか。ボールになるスライダーをバッターが強引に打ちにいき、空振りしているようであれば、バッターの準備不足と見ることもできる。

KUDO'S CHECK!

狙い球を探りたいバッテリー初球の入り方に注目

「意識」したピッチング

ストライクからボールになるサインであれば、そこにきっちりと投げてこそプロで勝てるピッチャーといえる。いかに、「意識」を持ってボール球を投げることができるか。何となく投げるボール球と、意識を持って投げるボール球ではまったく意味が違ってくる。

経験の少ないピッチャーは、「打ってくれないかな」という色気が出て、ストライクゾーンに入ってしまうことが多い。どうしても、早くアウトを欲しいという心理が働いてしまうのだ。

これはピンチの場面での初球だけでなく、決め球にも言えることだ。追い込んでからボールになるフォークのサインであれば、ボールになるフォークを絶対に投げなければいけない。

ここでフォークが浮いてしまい、真ん中に入るようなことがあれば、ピッチャーの「意識」が足りないといえるだろう。

こういう甘さを防ぐために、197ページで紹介しているように嶋捕手のようなキャッチャーは大きなジェスチャーで意図を伝えているのである。

ボール球を投げなければいけない場面で、ボール球を投げられているか。ピッチャーの「意識」に注目をしてほしい。

KUDO'S CHECK!

ボール球をボール球にできているか
ピッチャーの「意識」に注目

［ケース5］5回表同点　1アウト一塁　2番打者

さまざまな作戦が考えられるケース

バッターとの駆け引きの中で、バッテリーがもっとも考えをめぐらせなければならないのが1アウト一塁で1番打者や2番打者を迎えたときである。基本的にノーアウトであれば送りバントか強攻の二択になるが、1アウトになると、ここに盗塁、ヒットエンドランが加わってくる。監督としては何か作戦を仕掛けて、一塁ランナーを二塁に進めたいと思う場面であるのだ。

ピッチャーがまず考えることは、バッターのタイプである。右バッターであれば右打ちがうまいのか、バットに当てるのがうまいのか、選球眼がいいのか。ボール球でもバットに当てる技術を持っていれば、考えられるのはヒットエンドランだ。一塁ランナーの足がよほど遅くない限りは、十分にありうる作戦と見ていいだろう。

ここでバッターが4番や外国人選手であれば、ヒットエンドランは考えにくい。盗塁の可能性も低い。なぜなら、バッティングに自信がある選手ほど、一塁ランナーが動くことを嫌うからだ。視界にランナーの動きが入ってくると、ピッチャーの球に集中できなくなる選手もいるのだ。基本的には、ピッチャーも対バッターに集中することができる。

では、ヒットエンドランが想定されるケースでのバッテリー心理を考えてみたい。第一に考えるのは一、三塁にはされたくない、ということだ。最低でもバッターをアウトにして、2アウト二塁でオッケーとなる。

バッテリーとして大事なのは勇気を持って、ゆるいカーブやフォークボールを投げることである。足を警戒する場面では、どうしてもストレート系が増える傾向にある。このほうがキャッチャーは二塁に送球しやすく、カーブよりも盗塁阻止率が上がるからだ。ただ、バッターもこのバッテリー心理はわかっているため、ストレート系に狙いをしぼっていることが多い。右バッターであればミートポイントを体の近くにして、逆方向におっつけてくる。

どこで変化球を使うか。じつは、意外に仕掛けが少ないのが初球だ。相手ベンチも様子を見てくるケースが多く、仕掛けづらいカウントともいえる。

1アウト一塁、小技が利くバッターが打席にいる場面で、カーブやフォークをどのカウントで投げているか。この駆け引きを見てみるのも面白いだろう。

KUDO'S CHECK!

エンドラン想定ケースでカーブやフォークをどこで使うか

どのタイミングで仕掛ける監督か

相手チームの監督が、どのタイミングで仕掛けるタイプなのかも頭に入れておく。データとしては、これまでヒットエンドランを仕掛けたカウントなどがスコアラーからあがってくる。

ぼくが重要視していたのは、ここでも「性格」だ。具体的にいえば、1アウト三塁からタイムリーヒットで得点を取ったあとに、1アウト一塁から仕掛けるタイプなのか。つまりは、チームが勢いに乗っているときにガンガン仕掛けてくる。こういうタイプの監督が非常に多いのだ。

一方で、少ないのは、劣勢のときに動く監督。2点ビハインド、1アウト一塁の場面で動く監督はなかなかいない。

ただ、明らかにこういう傾向が出ているので、負けているときに動いたほうが成功しやすいようにも思う。バッテリーがさほど警戒していないため、ウエストされるリスクも少ないからだ。

ひいきのチームの監督は勝っているときに動くタイプか、それとも劣勢のときに局面打開を狙って動くタイプか。仕掛けのタイミングをチェックしてみてほしい。

KUDO'S CHECK!
監督の性格を知ることで仕掛けのタイミングを探る

バッターのどこを見ているか

仕掛けが考えられる場面で、バッテリーはバッターのある部分を注視している。

それは、グリップだ。打ちにいくときと比べて、グリップがゆるみやすい。バントの構えを作るための準備が、グリップに表れているのだ。ゆるんでいるのがわかれば、バントの可能性が高い。

ストライクからボールになる変化球を投げるときなどに、グリップの強さを確認しておく。

ピッチャーはさすがに距離が遠いので、キャッチャーのほうが見やすいのは間違いない。

KUDO'S CHECK!
グリップのゆるみを確認
バントかどうかがわかる

シーズン終盤を見据えた作戦

監督が仕掛ける作戦も、シーズン前半・中盤・後半で変わっていくことがある。

たとえば、ノーアウト一塁。前半戦に1回でもバスターエンドランを決めておくと、守る側には強いイメージが残るもの。シーズン終盤に同じ場面がきたときに、これが生きてくる。

三塁前に送りバントをしても、サードにはバスターエンドランのイメージが残っており、チャージが遅れてしまうことがある。ほんの半歩から1歩の世界の話だが、これによって一塁ランナーが二塁に確実に進むことができるのだ。

これが、いつも判で押したようにバントばかりしていると、サードやファーストは「バスターをしてくるのかな?」という警戒心を一切持たずにチャージできるため、二塁で刺される可能性が生まれてくる。

【ケース6】1回表　2アウト　打者・新外国人

日本人とは違う攻め方が求められる

これは新外国人に限らずだが、外国人への初球のストレートは非常にリスクが高い。基本的に積極的に振ってくるタイプが多く、1・2・3でストレートに合わせてくる選手がほとんどだからだ。とくにチャンスになると、「おれが打ってやる」という気持ちも強いため、真っ正直にストレートで攻めるのはリスクを伴うことになる。

では、どのような攻めが必要か。新外国人に対しては、どれだけ早い段階からデータを取り、弱点を見つけるかがカギになる。インコースが得意か、アウトコースが得意か、高めが得意か、低めが得意か。まずはこのあたりをシーズン序盤に見極めていくのだ。スコアラーから「今日はインコースを攻めてくれ。反応を見てみたい」という要望が出るときもある。打たれたとしても、それがその後の対決に生きていくのであればオッケー。長いシーズンを考えて、攻略法を探し出していくのだ。

こんな方法もある。インコースに続けて攻めたときに、何球目なら反応してくるか。腕の長い外国人は内側よりもアウトコースを得意にしていることが多い。比較的苦手なインコースに対して、どんな対応をしてくるか。徹底したインコース攻めの中で、その反応の様子を確認しておくわけである。

外のスライダーが弱いとわかれば、そこをカウント球や勝負球に使いながら攻めていく。ただし、バッターのほうも日本の配球を勉強して、何とか対応しようと必死。たまに、4月・5月にまったく打てなかった外国人が、6月頃から急に打ち始めることがある。これは配球を学んだ成果といっていいだろう。

たとえば、いままで初球から振っていたボールになるスライダーに、バットが止まるように

エルドレッド選手は今季本塁打を量産。

なる。「初球は、変化球で誘ってくるんでしょう」と頭でわかるようになるのだ。もちろん、こうなればバッテリーもインコースのボール球で入ったり、いきなり落ちる球を投げたり、ここからさらに駆け引きが始まっていく。

外国人選手に対して、どのような攻めを見せているか。初球からインコースにストレートを投げて、ドカンと打たれていることがあれば、何も考えずに投げてしまったか、あるいはバッターの反応を見たくて投げたのか。とくにシーズン序盤はバッターの特徴を見極めるために、さまざまな攻めを試している場合もある。おおよその特徴がわかっている日本人の打者とは、少し攻め方が違うことを覚えておいてほしい。

KUDO'S CHECK!

特徴を探すための配球
ピンチでの初球ストレートは危険

第5章 キャッチャーの見極め方

1

バッテリーに欠かせない意思疎通

ジェスチャーで会話をする

試合に勝つためには、絶対に欠かせないキャッチャーの力。ピッチャーの良さをいかに引き出していくか。この章ではキャッチャーを見るポイントについて紹介していきたい。

常勝軍団を築き上げたチームには、必ずといっていいほど、球界を代表するキャッチャーがいた。ぼくがいた西武ライオンズには伊東勤捕手（現千葉ロッテマリーンズ監督）がいて、野村克也監督が強くしたヤクルトスワローズでは古田敦也捕手がまさにチームの柱だった。昨年、初の日本一を成し遂げた東北楽天ゴールデンイーグルスも、嶋基宏捕手が若いピッチャー陣を引っ張ったことが、優勝の大きな要因となったのは間違いない。セ・リーグで常に優勝争いを繰り広げている読売ジャイアンツには阿部慎之助捕手、中日ドラゴンズには谷繁元信捕手兼任監督がいる。

まず、バッテリーで大切なことは、ピッチャーとキャッチャーで同じ「意思」を持っているか、ということだ。たとえば、キャッチャーがボールになるスライダーを要求しているのに、ピッチャーにそれが伝わらず、ストライクの変化球で勝負をしていたら、お互いの考えがずれてしまっていることになる。

このずれをいかに埋めていくか。日頃から食事に行ったり、グラウンド外でのコミュニケーションを積極的に取って、それぞれの考えを深めている。

バッテリー間18・44メートルでも、右手だけのサインだけでなく、両手を使ったジェスチャーで意思を伝えているキャッチャーが多い。とくに目立つのは、嶋捕手だ。低めにフォークボールがほしいときは、両手の平を地面に向けて、「ワンバウンドでいいから」。2ストライクと追い込んだあと、外のボールになるスライダーを使うときは、両手を大きく広げて、「ストライクゾーンを広く」だ。見方を変えれば、「このバッターはボールになる変化球でも振ってくれるよ」と伝えていることにもつながる。

これらの動きは、球場で見るよりも、テレビで見ていたほうがわかりやすい。若いピッチャーにとっては1球、1球、「はい、次はボールになる変化球ですね」と確認できるため、投げやすいだろう。

第1章でも語ったとおり、ピッチャーという生き物はどうしてもストライクを投げたがる傾向にある。ブルペンでもボールを投げる練習よりも、ストライクを投げる練習のほうが圧倒的に多い。勝負がかかった場面でも、ストライクで勝負してしまうのがピッチャーなのだ。だからこそ、大きなジェスチャーで「ボール球でいいぞ」と伝える。

テレビ観戦の場合は、ぜひ嶋捕手の動きに注目してもらいたい。

これが、たとえば岩瀬投手と谷繁捕手、内海投手と阿部捕手のように、長年バッテリーを組んできたコンビであれば、右手のサインひとつで意思が伝わっていくことが多い。いわゆる「阿吽の呼吸」。次に投げる球だけでなく、次の次の球まで考えたうえで、サインに頷いている。

KUDO'S CHECK!

ピッチャーに意思を伝える嶋捕手のジェスチャーに注目してみよう

第5章
キャッチャーの見極め方

信頼の置けるキャッチャーがいるチームほど、やはりシーズンを通して安定した成績を残す傾向にある。

クビ振りの約束事

ピッチャーがキャッチャーのサインに対してクビを振る。1試合の中で、必ず何度か目にする仕草である。

クビを振る心理としては、

①そのコース（球種）に投げる自信がない

②ほかのコース（球種）で勝負したい

③「クビを振る」というサイン

主に以上の三つが考えられる。①と②では、ピッチャーの感情に大きな違いがあるのがわかるだろう。①であれば、バッターにとっても狙いを定めやすい。インコースのコントロールに苦しんでいるのであれば、クビを振ったことで、「アウトコース勝負かな？」と推測することができるからだ。

なお、クビの振り方もバッテリーそれぞれに約束事がある。わかりやすくいえば、クビ振り1回のときは「球種が違う」、2回のときは「コースが違う」ということだ。クビを振る回数に注目してみるのも面白いだろう。

ときには、何度もクビを振り、サインが決まらないために、キャッチャーがタイムを取ってマウンドに行くことがある。キャッチャーが要求する球と、ピッチャーが投げたい球が一致していない証拠といえるだろう。マウンドに行き、両者が言葉で確認することによって、意思疎通をはかることができる。たいてい、このあとのサイン交換は1度でスパッと決まるものだ。

KUDO'S CHECK!

クビ振りの回数にも意味がある

2 リードに表れるキャッチャーの性格

インコースを攻め続けられるか

ピッチャーもバッターも性格がプレーに表れるように、キャッチャーも性格が試合に出やすい。とくに出るのがリード面だ。強気か弱気か。大事なところで攻めていけるか、それとも逃げてしまうか。

わかりやすいのが、インコースを打たれたあとだ。シングルヒットではなく、会心の長打やホームラン。つまり、芯でとらえられたあとにどのような攻めをするか。ここに、性格が見えてくる。もう、インコースを攻めなくなりアウトコース中心の配球になるか、さらにインコースを厳しく攻めていくか。

デッドボールを当てたあとや、ランナー三塁で低めの変化球を後ろに逸らしたあとなど、何かコトが起きたあとにも注目。「同じミスはしたくない」と、簡単に攻め方を変えてしまったら、バッターの思うツボとなる。

シーズン通して、同じチームと何度も対戦するのがプロ野球。キャッチャーが逃げの姿勢を見せてしまったら、バッターは戦いやすくなるだけだ。打たれても、強気に攻めていく気持ちが大事になる。

ただ、これはピッチャーの力量にも関わってくること。キャッチャーがインコースに投げさせたくても、デッドボールの恐れがあれば、さすがに要求しづらい。やはり、ピッチャーとキャッチャーをあわせたバッテリーの力が求められる。

KUDO'S CHECK!
強気か弱気か
インコースを打たれたあとに注目

キャッチャーは力以上の打率を残せる

キャッチャーは配球の奥深さに気付くにつれて、自分のバッティングも良くなる傾向がある。古田氏はその代表例だろう。プロ入り2年目から3年続けて、打率3割以上をマーク。2年目には打率．340で首位打者を獲得した。ピッチャーのカウント球を察知し、どのカウントでどの球種でストライクを取ってくるのか、キャッチャーならではの読みの鋭さがあった。

ランナー一塁で、打席には古田捕手。インコースのシュートで5→4→3のゲッツーを取りたいというバッテリーの狙いを読み取り、初球からインコースを狙い打ち。こんなシーンをしばしば目にしてきた。

楽天の嶋捕手も、しっかりとした読みで打つタイプ。1年目は打率．183、2年目と3年目は打率2割3分台と苦しんだが、4年目に打率．315をマークして一気に飛躍した。

バッテリーの心理状態がわかってくれば、ある程度は配球を読めるもの。とくにキャッチャーが打席に立っているときは、初球や2ボール、3ボール1ストライクなど、狙い球をしぼれる場面に注目してみてほしい。迷いなくフルスイングをしていたら、読みどおりの球がきたと判断できるだろう。

KUDO'S CHECK!
「読み」で打つキャッチャー
打者有利カウントに注目

3 キャッチャーの仕事は「意識づけ」すること

谷繁捕手のうまさ

キャッチャーのリードを見ていて、やはりうまいなと感じるのは谷繁捕手だ。具体的にいえば、バッターにひとつの球種やコースを意識づけさせるのがうまい。とくにインコースだ。バッターはインコースを意識すると、どうしてもアウトコースが遠く見えてしまう。普段であれば対応できていて外に逃げる変化球に対して、腰が引けてしまい、当てるだけのバッティングになったりするのだ。
谷繁捕手はいつも、インコースを要求しているわけではない。３連戦の初戦、試合の序盤、シーズン前半の戦い……、はじめに「谷繁はインコースに投げてくるぞ」とバッターに思わせれば、キャッチャーの勝ちといっていい。そうなれば、シーズン後半、アウトコース中心の攻めになっても、「そろそろ、インコースがくるかな」とバッターは疑心暗鬼になるのだ。
リード面は外から見ているファンにはなかなかわかりづらいことではあるが、インコースをどのタイミングで使っているかを見ておくだけでも、キャッチャーそれぞれの色が見えて面白いだろう。

KUDO'S CHECK!

インコースをどこで使うか意識づけのタイミングに注目

試合中の谷繁元信選手（兼任監督）や嶋基宏選手のジェスチャーから、ピッチャーに何を伝えようとしているのかを想像してみよう。

構えを工夫する

ボールを投げなくても。バッターへの意識づけは可能だ。

古田氏がよくやっていたワザだが、ピッチャーが足を上げたときにはインコースに構え、ここからアウトコースにスッと動く。バッターはキャッチャーの気配がわかるもので、インコースにキャッチャーが寄っていると、「インコースにくるのかな?」と感じるものなのだ。古田氏はこの気配を利用するのがうまかった。また、構えを遅くすることで、バッターに読まれにくくなる利点もあるのだ。

もし、キャッチャーが構えを遅くしていたら、こういった意図があるということになる。

ただ、ピッチャーによっては、キャッチャーがはじめから構えているわけではないので、投げにくさもある。このあたりはブルペンで練習を重ねていく必要があるだろう。

KUDO'S CHECK!
構えを遅くする捕手のワザ
気配を利用する

4

キャッチャーの育成は時間がかかるもの

経験が大きな財産となる

キャッチャーの育成は、とても時間がかかるものである。

スコアラーから、バッターの強いコース・弱いコースなど細かいデータが出てくるが、それを実戦で生かすとなると、簡単なことではない。そこにはマウンドにいるピッチャーの調子や、アウトカウントやランナーの状況など、さまざまなことを考えなければいけない。

ダイエーホークス時代、城島健司氏とバッテリーを組む中で、たくさんのことを伝えた。

一方で、一度レギュラーをつかめば10年、15年と、正捕手で活躍できるのがキャッチャーというポジションでもある。そこにあるのもやはり経験。どれだけ、肩が強いキャッチャーがドラフトで入ってきたとしても、ベテランの経験にはかなわない。それがキャッチャーの面白いところであり、難しいところともいえる。

実績あるピッチャーには、若手のキャッチャーを育てる役割を与えられるときもある。ぼくがダイエーで投げていたときには、高卒で入ってきた大物・城島健司捕手がいた。ダイエーが常勝軍団を築くには、彼を一人前のキャッチャーに育てなければいけない。打たれていいわけではないが、打たれながら育てていった。

「打たれながら」とは、こういうことだ。初球、アウトコースのストレート。「これなら打たれるだろう」と思っていても、あえてクビを振らずにそこに投げる。そして、ガツンとホームラン。直後に、マウンドに呼んで「何で、いまの球だったんだ?」と話をするのだ。

「いや、まずは外から入ろうと思いまして……」

「ばかやろう!　このバッターはどんな特徴があるんだよ?」

「はい……」

「アウトコースのストレートは結構打っているはずだぞ。データ見ていたのか?」

「すいません……」

こんなやり取りを頻繁にしていた。

ぼくがクビを振って、ピッチャー主導で配球を組み立てれば何の問題もなかったかもしれない。でも、それでは意味がないのだ。いつも、ぼくとコンビを組むわけではないからだ。城島がほかのピッチャーと組んだときに、いかにピッチャーの良さを引き出せるか。そこが重要になるのだ。

そして、キャッチャーは抑えたことよりも打たれたことのほうが覚えているものだ。抑えて学ぶことよりも、打たれて学んだほうが自分のためになるのだ。

城島には「そのサインの意図は何?」とことあるごとに聞いていた。聞かれるから、向こうも勉強する。また、打たれれば聞く。それをくり返すことによって、意思疎通をはかっていた。

最近はここまでの取り組みをしているバッテリーはいないように思う。

ただ、ひとつわかっておいてほしいのは、ピッチャーからすれば「打たれる」とわかっていても、クビを振らずに勝負することがあるということだ。打たれることで、若手キャッチャーを育てていく。プロ野球ならではの考え方といえるだろう。

KUDO'S CHECK!

あえて打たれることもある
クビを振ることがすべてではない

おわりに

これまでお話をしてきたように、ピッチャーは常にさまざまなことを考え、マウンドにあがっている。

ピッチャーは頭がよくなければ務まらないポジションである。それは学校の勉強の話ではなく、野球頭の良さ。バッターの弱点や得意なコース、過去の配球、監督の仕掛けのタイミングなど、すべてを頭に入れたうえで、投げるべき1球を選択していかなければならない。ただ何となく投げた球をガツンと打たれるほど、悔いが残ることはないわけだ。

ピッチャーはバッターを打ち取ることが仕事である。そのために大事なのはストライク先行で勝負をしていくこと。ただし、本書でも繰り返し述べたが、ス

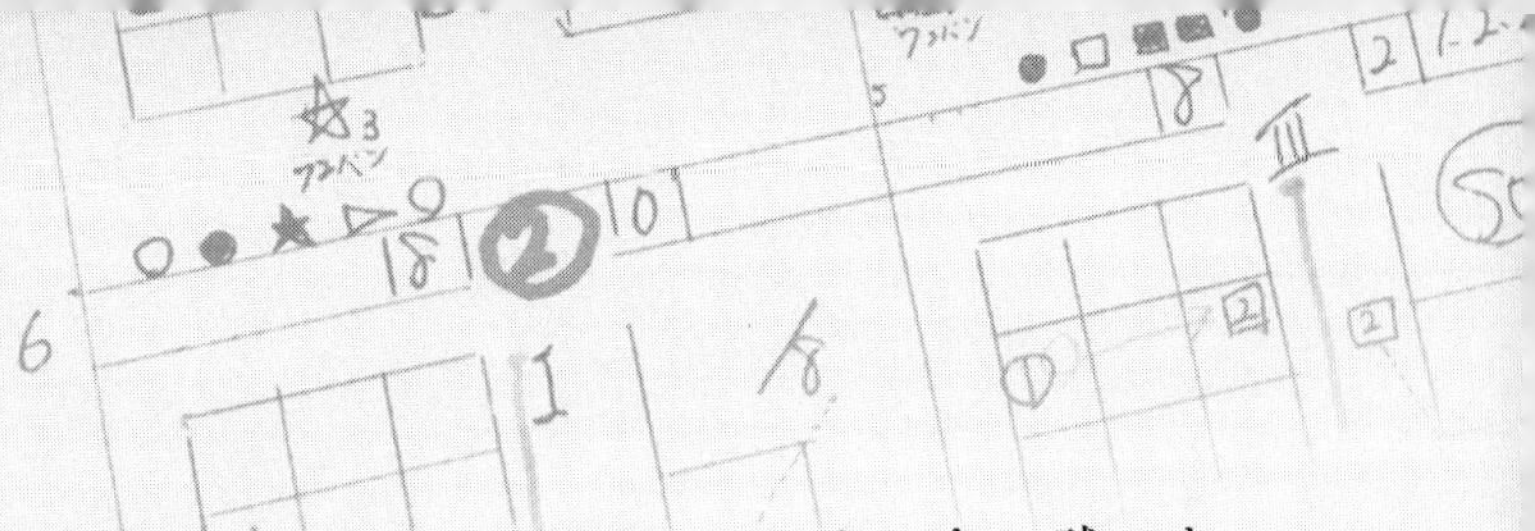

トライクばかり投げていたら、バッターは確実に対応してくる。いかにボール球を有効に使うか、ストライクからボールになる変化球を自在に操れるかが、大きなポイントとなってくる。ボールからストライクに投げる有効性も、すでにお話ししたとおりである。

ぼくは、このあたりがピッチャーの面白いところだと感じている。ストライクを投げる練習を何度も繰り返しているにも関わらず、結果を残しているピッチャーになればなるほど、ボールゾーンを巧みに使う。しかし、ボール球もバッターに見逃されてしまえば、1ボール。ピッチャーが不利になっていく。

プロの一流ピッチャーになれば、ストライクを取れるのは当たり前。この先の戦いとして、ボール球をめぐる攻防が繰り広げられているわけだ。

ボール球に対する、ピッチャー対バッターの戦いがいかに深く、面白いものか。この面白さに気付くことができれば、ピッチャーの見方が変わっていくはずだ。

ただ、当たり前のことだが、ピッチャーが常にバッターを抑え続けるのは不可能なことだ。根拠を持って投げた球でも、打たれることもあれば、負けることだってある。昨年の田中将大投手であっても、毎試合完封したわけではなかった。

そこで、ファンの方が「何やってんだよ！」と怒るのは簡単なこと。その気持ちも十分にわかるが……、すこし視点を変えて、「この間打たれたバッターに対して、どんな攻め方をするのか」という見方もぜひ持ってほしい。また、キャッチャーが変わることで配球が変わることもある。「前回とはキャッチャーが違うな」と事前にわかっていれば、それだけで試合の観方が違ってくる。

初球、打たれたコースからもう一度攻めていくのか、あるいはまったく違う攻め方をするのか。一度きりの対戦で終わるのではなく、「過去」の結果が「現

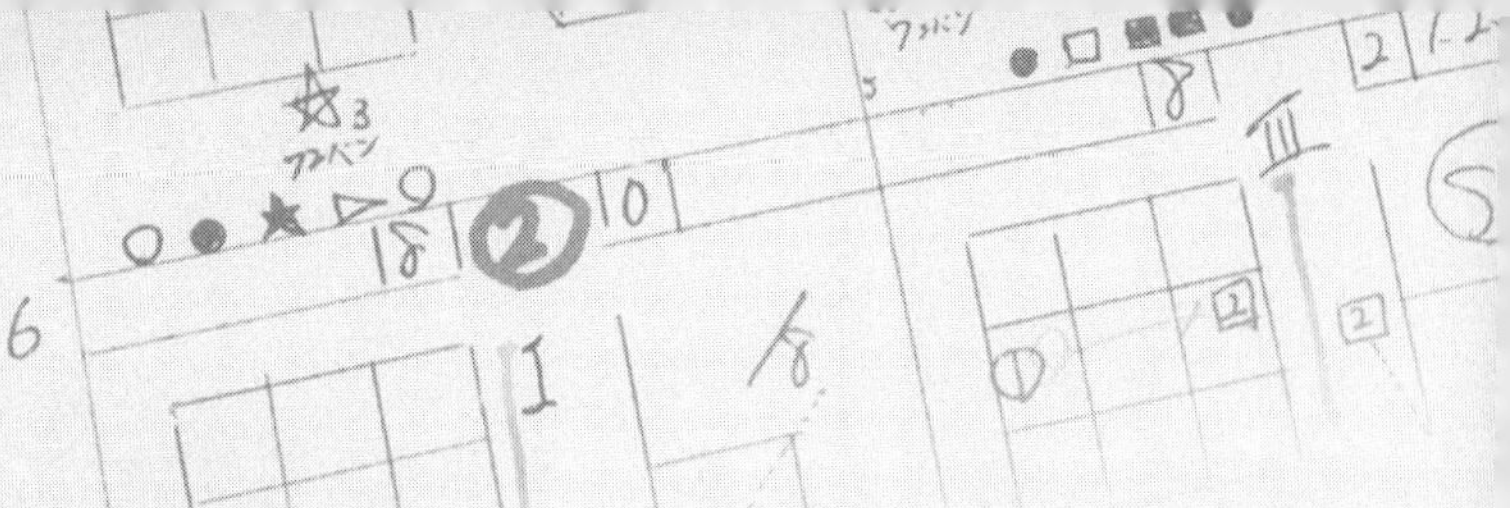

在」に、そして「未来」へとつながっているのだ。

著者としては、この本をめくりながら野球を見ていただくと、何よりうれしく思う。

最後まで読んでいただき、どうもありがとうございました。また、テレビ中継やニュース番組の解説でお会いしましょう！

工藤公康

PROFILE

工藤公康 くどう・きみやす

名古屋電気高校（現愛知工業大学名電高校）を経て、82年に西武ライオンズ（現埼玉西武ライオンズ）へ入団。在籍13年間で8度の日本一に輝き、西武ライオンズのエースとして黄金時代を支えた。その後も福岡ダイエーホークス（現福岡ソフトバンクホークス）、読売ジャイアンツの日本一に貢献。２００４年8月17日、対ヤクルト戦で通算２００勝を達成した。２０１１年に現役引退。２０１２年より日刊スポーツ評論家、テレビ朝日系列『報道ステーション』の野球キャスターをはじめ、野球評論家、野球解説者として活躍。子どもたちへの野球教室も定期的に開催しており、野球の発展と普及活動に力を注いでいる。２０１５年より福岡ソフトバンクホークスの監督に就任した。通算成績２２４勝１４２敗３Ｓ

構成 大利実 おおとし・みのる

１９７７年生まれ、横浜市出身。成蹊大学卒業後、スポーツライター事務所を経て、独立。主に中学軟式野球、高校野球を追っている。主な寄稿先に『中学野球太郎』『野球太郎』『ホームラン』（廣済堂出版）『ベースボールサミット』（小社）など。著書に『高校野球　神奈川を戦う監督たち』『高校野球・神奈川を戦う監督たち2 神奈川の覇権を奪え！』（ともに日刊スポーツ出版社）などがある。

『当たり前』の積み重ねが、本物になる

凡事徹底――前橋育英が甲子園を制した理由

荒井直樹（前橋育英高校野球部監督）著　1600円（＋税）

『当たり前』の積み重ねが、本物になる
凡事徹底――
前橋育英が甲子園を制した理由
前橋育英高等学校野球部
荒井直樹
中日ドラゴンズ
山本昌投手推薦！
2013年夏の甲子園優勝監督が初めて明かす！
小さなことを惜しまず、徹底的に極める！
人間力を高め、勝つために必要なチームづくりの極意

甲子園を制するチームはどのようにしてつくられたのか？　シンプルでブレない荒井流の選手の育て方を大公開！　中日ドラゴンズ・山本昌投手推薦の１冊！

編　集　　滝川 昂（株式会社レッカ社）

装　丁　　山内 宏一郎（SAIWAI design）
本文イラスト　　宇城 不二
DTPオペレーション　　アワーズ

取材協力　　47コーポレーション

ピッチャー視点で“観戦力”を高める
工藤公康のピッチングノート

発行日　2014年9月3日　初版
　　　　2015年9月28日　第2刷　発行

著　者　工藤 公康
発行人　坪井 義哉
発行所　株式会社カンゼン
〒101-0021
東京都千代田区外神田2-7-1 開花ビル4F
TEL 03（5295）7723
FAX 03（5295）7725
http://www.kanzen.jp/
郵便振替　00150-7-130339
印刷・製本　株式会社シナノ

ISBN 978-4-86255-272-3
Printed in Japan
定価はカバーに表示してあります。

ご意見、ご感想に関しましては、kanso@kanzen.jpまで
Eメールにてお寄せ下さい。お待ちしております。